전자기록물관리

Managing Electronic Records

김 명 훈 역 | 한국국가기록연구원 감수

진리탐구

　지금으로부터 7년 전 한국국가기록연구원이 출범하였다. 지난 시간을 회고해보면 아쉬움도 있고 또 앞으로 해야 할 일도 산적해 있다. 그러나 한편으로는 나름대로의 뿌듯함을 느끼기도 한다. 시민기록문화전, 기록문화 시민강좌 개설, 심포지엄, 한림기록문화상 제정, 한국기록학회 조직, 월례발표회, 한국기록관리학교육원 개원 등등, 모두가 우리의 기록문화 발전에 초석이 될 것임은 분명하다.

　연구원의 출범과도 무관치 않지만 우리의 기록문화에 또 하나의 이정표라고 할 수 있는 것은 기록물관리법령의 제정이다. 법령의 제정으로 이제 우리도 현대적 기록관리체제에 들어갔다고 말할 수 있게 되었다. 그러나 법령의 제정이 바로 실시로 이어지지는 않는다. 죽어 있는 법령이 얼마나 많은가. 새로운 법령이 제정되면 이에는 크고 작은 '저항과 편승'이 있기 마련이다. 새로운 기록관리법령에 대한 '저항'은 현재 법령상 존재해야 할 자료관의 설치 실태만을 보아도 잘 알 수 있다. 새로운 법령에는 공공기록물은 전문가(기록물관리전문요원, 아키비스트)가 관리하게 되어 있고 이들 전문가의 자격 요건도 규정되어 있다. 이에 몇 년도 안된 사이에 많은 대학에서 기록관리학 대학원과정이 신설되었다. 물론 모두가 기록관리분야 전반을 위해서는 발전적인 변화이다. 그러나 그 내실을 보면, 즉 교수, 교재, 참고도서, 실습실 등의 면에서 보면 부실하기 짝이 없는 경우도 있다. 이는 새로운 법령에 대한 '편승'이라고 할 수 있다.

　그러나 '저항과 편승'을 탓하고만 있을 수는 없다. 사실 '저항과 편승'의 가장 큰 원인은 기록관리에 대한 이해의 부족일 것이다. 이를 위해 연구원은 과감히 ICA 총서시리즈를 번역하기로 결정하였다. 단순한 번역은 아니다. 권수로도 30권이 넘는다. 양도 양이거니와 여러 사람이 나누어 번역할 수밖에 없기에 통일성을 기하기가 무척 어려우리라 예상된다. 그럼에도 불구하고 한국 기록관리학의 기초를 놓는다는 심정으로 번역을 시작하였다.

　본 총서시리즈는 국제기록관리재단(International Records Management Trust)과 ICA에서 공동으로 추진한 결과물로, 국제적으로 널리 이용될 수 있는 최선의 기록관리 업무 방식 도출을 목적으로 하였다. 또한 기록관리 전문가 외에도 체계적으로 기록학에 접근하지 못했던 사람들에게 학습모듈을 제공하려는 의도에서 만들어졌다. 이 때문에 기록관리시스템이 불충분하거나 적절한 기록관리 교재와 교육인프라가 결핍된 국가에게는 유용한 교재가 될 것이다.

　기록관리 분야의 실무와 학문이 발전일로에 있는 우리나라에서도 이 교재의 보급이 시급함은 물론이다. 앞으로 이 학습교재가 공공부문의 기록관리전문가를 위해서 뿐만 아니라 민간부문에서도, 그리고 아키비스트의 업무능력과 전문성을 높이는 데에서도 널리 활용되기를 바란다.

　본인은 2000년 9월, 연구원을 대표하여 스페인 세빌리아에서 개최된 ICA총회에 참석하였다. 회의 규모의 크기에도 놀랐지만 개최국의 선진적 기록관리 및 보존에도 놀랐다. 아시아에서는 유일하게 1996년 중국의 북경에서 개최되었다고 하니 중국의 문화적 깊이를 보여주는 듯하다. 한국의 서울에서 ICA총회가 열릴 기록관리 선진국을 기대하며, 본 역서가 그런 기대에 일조하기를 바라마지 않는다.

　본 역서를 내면서 감사드려야 할 분들이 있다. 먼저 한국국가기록연구원의 참뜻을 이해하여 저작권에 대한 비용을 과감히 포기해준 ICA 관계자 여러분들에게 감사의 뜻을 표하고자 한다. 또 상업성을 떠나 선뜻 출판을 맡아주신 진리탐구의 조현수 사장님 및 편집부 일동에게 진심으로 감사드린다. 마지막으로 그다지 좋지 못한 조건에도 불구하고 번역을 흔쾌히 맡아주신 번역자 여러분들에게 깊은 감사를 드린다.

김학준(한국국가기록연구원 원장)

김학준

20세기 말 불어 닥친 전자혁명은 기록관리 영역에도 거대한 변혁을 야기시키고 있다. 이제 기록은 시공을 초월하여 생산·유통될 뿐만 아니라, 전세계 네트워크망을 통해 다자간의 동시적 활용도 가능해졌다. 또한 물리적 형태없이 가상의 공간에서 유령처럼 나타나거나 사라질 수도 있으며, 그 생산되는 맥락 및 구조는 사람이 인지할 수 없는 매트릭스적 형체를 지니고 있다. 21세기를 의욕차게 시작한 아키비스트들에게 이는 분명 엄청난 도전이 아닐 수 없다.

이번에 번역된 『Managing Electronic Records』(London : ICA, IRMT, 1999)는 전자기록관리의 원리 및 방법론을 전문적으로 소개한, MPSR시리즈 중의 고급 모듈 가운데 하나이다. 본서에서는 '전자기록물의 라이프사이클은 전자기록물을 생산한 시스템의 라이프사이클보다 길다'라는 명제를 전자기록관리의 출발점으로 삼고 있다. 하루가 다르게 진일보하는 컴퓨터기술로 인해, 불과 몇년 전에 생산된 전자기록물 조차 오늘날에는 활용할 수 없는 현실이 눈앞에 전개되고 있다. 이러한 상황에서 업무수행상의 증거 포착을 위해, 국가운영의 책임성 및 투명성 확보를 위해, 그리고 기록유산의 후대전승을 위해 전자적 정보를 체계적으로 관리·보존하는 것이 전자기록관리의 근간이 된다는 것이다.

본서에서는 전자기록관리상의 핵심적 사항들을 크게 네 가지로 전제하며 관리 방법론을 서술해가고 있다. 우선 배경정보의 포착이다. 전자기록물은 물리적 실체가 부재한 '논리적 객체'인 관계상, 향후의 신뢰성 및 이해성 확보를 위해서는 '내용-구조-맥락' 정보를 통합하여 관리해야 할 필요성이 생기게 된다. 다음은 표준의 수립 및 도입 필요성이다. 0과 1의 비트스트림으로 이루어진 전산시스템상의 정보를 유통·활용시킴과 아울러 이를 장기적으로 보존하기 위해서는, 관련 표준의 수립 내지 도입이 전자기록관리를 위한 필수 사항이 되게 된다. 진본성 및 무결성의 확보 역시 전자기록관리상의 핵심적 사항으로 강조하고 있다. 전자기록물은 쉽게 복사·변조·삭제되는 관계상, 진본성 및 무결성의 확보 없이는 향후의 보존 및 활용이 무의미해지게 된다. 이의 연장선에서 메타데이터의 포착·관리는, 이러한 진본성 및 무결성을 확보해줄 뿐만 아니라, 신뢰성 및 이해성을 제공하는 도구로서의 의미를 지니게 된다.

전자기록관리상의 기본 원리 및 방법론뿐만 아니라, 전자기록관리에 연관된 총체적 사항들을 논의하고 있는 점 역시 본서만이 지닌 강점 중의 하나이다. 본서에서는 각 기관이 처해 있는 컴퓨터 환경별 전자기록관리상의 주요 문제와 더불어 이를 해결할 수 있는 전략적 방안들을 마련해주고 있으며, 아울러 컴퓨터시스템 구축단계별 레코드키핑상의 문제점 및 그 대책을 제시해 주고 있다. 또한 전자기록관리와 관련되어 있는 다양한 이해당사자들에 대한 파악을 전자기록관리 수행상의 기본 토대임을 진제한 후 이들 간의 공조방안을 모색해주고 있으며, 아울러 조직내 전자기록관리체제의 수립시 근간이 되어야 하는 제도적 인프라에 대해서도 면밀히 분석해주고 있다.

현재 전세계의 아키비스트들에게 전자기록관리는 이제 더 이상 피할 수 없는 과제가 되었다. 전자기록관리 영역이 가져다주는 도전이 지대한 만큼, 이에 대한 전세계 아키비스트들의 응전 역시 만만치 않다. 우수한 IT 인프라를 기반으로 한 강력한 전자정부 드라이브 속에, 전자기록관리는 이제 우리나라의 아키비스트들에게도 엄청난 도전과제를 안겨다주고 있다. 이러한 상황에서, 본서는 전자기록관리 방면의 개론서로서 뿐만 아니라 실무지침서로도 충분히 활용될 수 있음을 역자는 믿어 의심치 않는다.

이번 번역서가 나오기까지 어느덧 2년의 세월이 지났다. 의욕적으로 출발한지 얼마 지나지 않아 초역을 그런대로 끝마쳤지만, 수 차례에 이르는 교정작업이 순조롭지 않은 탓 때문이다. 특히 이번 번역을 위해 컴퓨터기술 관련 분야의 학습에 상당량의 시간을 할애하였지만, 컴퓨터관련 전문용어를 완벽히 이해하는데 다소 애로가 있었음을 밝혀야할 것 같다. 독자들의 너그러운 이해를 바라며, 아무쪼록 전자기록관리 영역에서 고분분투하는 연구자 및 실무자들의 응전에 작은 도움이 되길 바랄 뿐이다.

본 번역서가 출간되기까지 감사드려야 할 분들이 너무 많다. 우선 역자의 기록관리 여정을 이끌어주신 이승휘, 김익한, 이원규 선생님께 깊은 감사를 드린다. 지난 6년 동안 베풀어주신 가르침은 기록학의 학문적 엄격성과 더불어 인생의 바른 자세를 견지하는데 늘 지표가 되주었다. 이영학, 이근명 선생님께도 머리숙여 감사드린다. 부족한 역자에게 베푸신 인덕과 학덕은 진지하면서도 성실한 초학으로서의 학문자세를 가다듬는데 큰 힘이 되어 주었다. 설문원 선생님의 가르침과 자애에도 깊은 감사의 마음을 드린다. 연구원에 근무하는 동안 베풀어주신 학문적 가르침과 따뜻한 인간미는 늘 역자에게 용기를 북돋아주었다. 그동안 기록관리학 분야에서 동고동락해 온 선학 및 동학들께도 부족한 역서를 빌어 감사의 마음을 전하고 싶다. 하루하루 주어진 소임에 최선을 다하는 것으로 보은해야 할 것 같다.

2005년 2월 18일

김 명 훈 씀

차례

표

『전자기록물관리』 소개

　본 모듈은 전자기록물을 효율적으로 관리하는데 필요한 기본적 원리의 소개를 목적으로
한다.

전자기록물(*Electronic Record*) : 컴퓨터를 통해 생산, 유통, 처리될 수
있는 디지털 형태의 기록물

　최근 들어 급속히 진전된 컴퓨터화는 정부 및 기업 운영상에 거대한 변화를 몰고 왔다.
오늘날의 기록관리자들은 불과 10년전만 해도 상상할 수도 없었던 다양한 범주의 종이 및
전자기록물을 조응하게 된다. 심지어는 얼마 전에 개발된 종이·전자기록의 통합관리 전략
조차도 시시각각으로 수정해야 하는 추세이다. 애석하게도 본 모듈에서는 전자기록물의 관
리 문제에 한정지어 살펴볼 예정이다. 위와 같은 상황에 대응할 수 있는 모든 전문적 문제들
을 설명하기에는 지면상, 또한 필자의 능력상 한계가 있기 때문이다.

　이번 모듈의 보다 철저한 학습을 위해서는 제6과에 제시된 관련 기관에 대한 정보 및 전문
연구논저들을 참고하기 바라며, 아울러 기록관리상에서 나타나는 현안 문제들 역시 폭넓게
섭려하기길 권고한다.

　본 모듈은 주로 공공분야의 전자기록물에 초점을 맞추어 그 관리상의 문제들을 중점적으
로 설명하였지만, 민간영역 등 기타 분야에도 적용이 가능하다. 아울러 라이프사이클중 현
용 및 준현용단계에 한정지어 전자기록물의 관리방안을 살펴보았음을 밝힌다. 비현용단계
의 영구기록물 관리방안에 대해서는 이번 시리즈상의 『기록보존소의 기록관리』(*Managing
Archives*)를 참고하기 바란다.

　본 모듈의 학습전 컴퓨터에 대한 기본적 소양을 구비해야 함은 두말할 필요도 없다. 이번
시리즈상의 『기록관리자를 위한 전산시스템』(*Understanding Computer Systems : An Overview for
Records and Archives Staff*)은 이에 대한 기본적 지식을 제공해 줄 것이다. 하지만 본 모듈을 보다
완벽하게 이해하기 위해서는 컴퓨터에 대한 보다 전문적인 식견이 필수적이다. 전자기록물

관리의 원리 및 방법론 설명에 컴퓨터 관련 전문용어들이 제법 등장하기 때문이다. 이를 위해 본 모듈에서는 필요시마다 본문중 이러한 전문용어 설명을 병행토록 할 예정이다.

본 모듈은 모두 여섯 개 과로 구성되어 있다.

제1과　전자기록물의 개념적 기초
제2과　전자레코드키핑시스템
제3과　전자기록관리상의 제문제
제4과　전자기록관리 프로그램 수립 : 프로그램 차원의 이슈들
제5과　전자데이터의 구성요소와 기록관리 프로그램
제6과　다음은 무엇을 할 것인가?

목표 및 성과

학습목표

본 모듈은 다음과 같은 다섯 개 영역의 주요 목표를 지닌다.
1. 전자기록물 및 전자레코드키핑시스템에 관련된 기본적 개념을 소개한다.
2. 전자기록물의 관리 및 보존, 활용을 위한 현실적 방안 및 대책을 제시한다.
3. 전자기록관리 프로그램의 성공적 운용에 토대가 되는 기술적, 법령적, 조직적 요소들을 도출해낸다.
4. 전자기록관리 프로그램 구축시 고려해야 하는 전략적 사항들을 파악한다.
5. 전자기록관리 방면에 대한 보다 풍부한 정보원을 제공토록 한다.

학습효과

본 모듈의 학습을 통해 다음과 같은 지식을 배양할 수 있도록 한다.
1. 전자기록물 및 전자레코드키핑시스템에 관련된 기본적 개념을 이해할 수 있다.
2. 전자기록물을 통제하고 보호할 수 있는 방법론을 이해함과 더불어 실무에 적용시킬 수 있다.
3. 전자기록관리에 연관된 기술적, 법령적, 조직적 요소들을 파악할 수 있다.
4. 전자기록관리 프로그램 개발에 활용될 수 있는 핵심 전략들을 도출해 낼 수 있다.

5. 전자기록관리 방면에 대한 추가 정보원 및 참고자료들을 얻을 수 있다.

학습방식

모두 여섯 개 과로 구성된 본 모듈의 학습을 위해서는 도합 85시간을 투자해야 한다. 각 과별 학습에 배정해야 할 시간은 아래와 같다.

제1과 : 15시간

제2과 : 15시간

제3과 : 15시간

제4과 : 15시간

제5과 : 15시간

제6과 : 10시간

여기에 제시된 시간들은 본문의 정독시간과 함께 각 과의 말미에 첨부된 학습과제를 탐구하는 시간이 합산된 것이다.

각 과의 끝부분에는 각 과별 주요 요점을 정리하였다. 본 모듈의 학습에 도움이 되는 참고 자료에 대해서는 제6과에 별도로 제시토록 한다.

본문 중에는 각 과의 내용을 재숙고해 볼 수 있도록 연습문제를 마련해 놓았다. 이것은 스스로의 이해 증진을 목적으로 한 것으로 따라서 정답은 있을 수 없으며, 차후의 연구 및 실제 업무환경에 적용할 수 있도록 고안된 것이다. 기록관리에 현직을 두지 않은 독자라면, 가능한한 가정적 상황들을 유추하면서 이를 해결토록 하는 것이 좋을 듯싶다. 연습문제에서 간략한 서술을 요구한다면 핵심만을 요약하여 작성해 보도록 하자. 이는 평점이나 점수 환산을 위한 것이 아니므로 그저 배운 것을 이해하는 수준에서 작성하면 된다. 각 과의 끝부분에는 이러한 연습문제의 해결에 도움을 줄 수 있도록 조언 부분을 별도로 마련해 놓았다.

각 과의 말미에는 요약에 이어 본문의 내용들을 복습할 수 있도록 학습과제를 만들어 보았다. 이 역시 점수를 매기거나 평점을 책정하는 문제가 아니므로, 본문의 내용을 숙지하는 데 필요한 만큼 완성하면 된다. 이 모듈이 평점을 매기는 교육프로그램으로 이용될 경우라면, 시험 내지 과제와 같은 평가수단을 별도로 포함시켰을 것이다.

보충자료

본 모듈은 기록관리부서 내지 기록보존기관 혹은 전산부서에 적을 두고 있거나, 기록물 특히 전자기록물을 관리해 본 독자들을 대상으로 쓴 것이다. 각 과에서 제시한 다양한 연습 사항들은 실제의 업무경험을 본 모듈의 내용과 비교해 보는데 큰 도움을 줄 것이다. 혹 실무 경험이 없는 독자라면, 본 모듈에 제시된 원리 및 개념들을 전자기록물에 대해 연구하는 동학들과 논의해 보는 것도 좋은 대안이 될 수 있을 것이다.

사례연구

이번 연구시리즈의 『공공부문의 기록관리 : 사례연구』(*The Management of Public Sector Records : Case Studies*) 편에 실린 다음의 사례들은 본 모듈의 학습에 보다 풍부한 정보를 제공해 줄 것이다.

- 8 : Pitt Kuan Wah, Singapore, 'Preserving Electronic Records at the National Archives of Singapore: A Balancing Archival Act and a Shared Responsibility'
- 11 : Greg O'Shea, Australia, 'The Transition to Electronic Government: the Challenge for Records Management'

전자기록물의 개념적 기초

이번 과에서는 전자기록물 및 전자레코드키핑시스템의 이해에 필요한 기본적 개념들을 소개코자 한다. 이를 위해 우선 레코드키핑시스템상에 미친 정보기술의 영향을 개괄한 다음, 지난 수년간 컴퓨터 및 네트워크 기술이 기록관리 영역에 어떠한 변화를 몰고 왔는지 살펴보도록 하겠다.

1. 레코드키핑에 대한 정보기술의 영향

1980년대 초반까지 데이터 처리는 대부분 메인프레임 컴퓨터(Mainframe Computer)를 통해 수행되어 왔다. 이후 일명 'PC'라 불리는 개인용컴퓨터의 출현과 함께, 컴퓨터기술 및 그 응용 범위는 놀라울 정도로 급진전되었다. 오늘날 거의 모든 조직에서는 워드프로세서, 스프레드시트, 이메일, 기타 자료관리소프트웨어 등 PC로 운영되는 사무자동화 장치들을 통해 전자기록물을 생산해내고 있다.

> *데이터(Data)* : 일반적으로 컴퓨터시스템을 통한 교환, 가독, 처리가 가능토록 형식화된 정보의 표현체
>
> ※ '원시데이터'(Raw Data)는 아직 처리되지 않은 정보를 의미한다.

정보기술의 급속한 발전에 발맞추어 일부 전문가들은, 컴퓨터 및 기타 통신기기를 이용한 정보로의 동시적 접근이 가능해 질 것이며, 이를 기반으로 '종이없는 사무실'이 머지않아 구현될 것으로 예견해왔다. 하지만 현실은 이러한 예측과 달랐다. 현재 '하드카피'(hard copy) 문서(즉 컴퓨터를 통해 종이로 출력되는 문서)를 사라지게 한 전산시스템은 거의 없으며, 오히려 컴퓨터 활용은 종이기록물 생산을 더욱 증대시키고 있는 추세이다.

보통 전자기록물과 종이기록물은 기능적으로도 또한 내용적으로도 밀접한 연관성을 지니

고 있다. 데이터베이스에 저장된 각종 데이터는 요약보고서 형식으로 종이에 출력되며, 데이터베이스 업데이트시마다 새로이 출력되게 된다. 또한 디스켓에 저장되어 있는 워드파일 역시 종이에 출력되어 기록물철에 편철될 수도 있다. 이를 감안할 때 종이기록물 관리와 전자기록물 관리는 동전의 양면관계를 형성한다고 할 수 있다. 무릇 합리적인 기록관리란 우선적으로 기록물에 내재된 정보를 분석해야 하며, 그 다음 이러한 정보가 저장된 매체에 초점을 맞추는 것이다.

전통적인 방식 하에서는 기록물의 내용과 매체가 미분리된채 기록관리가 행해져왔다. 기록물을 관리한다는 것은 기록물을 물리적으로 통제한다는 것과 다름없었다. 이러한 기록물의 물리적 보존책임은 생산자로부터 레코드매니저에게로, 그리고 최종적으로는 아키비스트에게로 전가되었다. 기록물 생산기관은 현용상태의 기록물을 조직화시키고 유지해 자체 활용하는 역할을 담당해왔다. 레코드매니저는 위와 같은 활동을 윤활화시키는 것과 함께, 처리일정표에 따른 기록물의 폐기 내지 레코드센터로의 이관 책무를 맡아왔다. 아키비스트에게는 보존여부를 결정하는 역할이 주어졌지만, 항구적 보존 및 연구목적을 위해 선별된 기록물을 안전하게 보존하는 것 역시 이들의 주요 임무 중 하나였다.

하지만 전자적 환경하에서는 기록물의 내용과 매체를 분리하여 관리해야 할 필요성이 생겨나게 된다. 이러한 상황에서는 기록관리자들이 전산시스템의 개발단계부터 참여해야 한다. 그렇지 않다면 생산단계에서부터 기록물은 제대로 관리될 수 없으며, 또한 관리된다 하더라도 검색이나 가독이 불가능한 경우도 발생할 수 있기 때문이다. 이와 같은 상황은 전통적인 기록관리자의 역할을 재조정시키고 있으며, 아울러 기록관리 방법론에도 일정 변화를 야기시키고 있다. 현재 기록관리자 대부분은 라이프사이클을 토대로 한, 관리연속성 (Continuum of Care)의 원리에 바탕을 둔 전자기록물 관리의 필요성을 절감하고 있다.

위와 같은 움직임은 비단 전자기록물의 관리 영역에만 한정된 것은 아니다. 과거와는 다른 새로운 환경하에서, 기록관리자들은 종이기록물의 관리방식에도 일정 변화를 가하고 있다. 즉 생산기관에서의 활용이 끝난 기록물이 기록보존소로 이관되기까지 기다리지 않고, 기록관리자들은 직접 기록물의 생산 및 현용단계에 관여하고 있다. 종이기록물과 전자기록물은 동전의 양면을 이루는 하나의 시스템이기 때문이다.

> *최근 기록관리자들은 종이기록물 및 전자기록물 모두 관리연속성의 원리에 기초하여 관리해야 할 필요가 있다고 인식하고 있다.*

기록물은 정부의 기능을 지원하고 과거의 문화유산을 전승하는 도구임을 염두에 둔다면, 소극적인 수집개념에서 생산시점부터 관여하는 적극적인 수집개념으로 변화되어야 할 것이다.

기록관리자들은 전자적 업무환경에 기여할 수 있는 전문적 소양을 갖추어야 할 것이다. 현재 기록관리 영역은 과거에 비해 보다 많은 교육훈련 및 보다 높은 창의력을 요구받고 있다.

[연습 1]

전자기록물의 생산시점부터 폐기 내지 기록보존소로의 이관에 이르는 전과정에 기록관리자가 관여해야 하는 이유를 생각하는 바대로 작성해 보도록 하자.

---

2. 기술적 동향

정보 및 통신기술의 발달은 조직의 업무수행 방식을 변화시키고 있다. 컴퓨터의 도입으로 일상업무는 보다 능률적이면서도 효과적으로 수행되고 있다. 이러한 상황에 발맞추어 기록물의 관리방식 역시 대대적인 변혁이 불가피해지게 되었다.

컴퓨터는 이번 시리즈의 여타 모듈에서 제시하고 있는 방식으로 관리되어야 하는 엄청난 양의 종이기록물을 생산해낸다. 하지만 각국 정부에서는 기록물을 전자적으로 생산할 뿐만 아니라, 전자적 형태로 저장하여 검색·활용시키는 방안을 선택해가고 있다. 지금 전자기록물의 관리는 기록관리자들의 새로운 도전과제로 부상하고 있다. 기록관리 업무상의 일대 혁명이 휘몰아치기 시작한 셈이다.

전자기록관리는 기록관리자들로 하여금 정보기술시스템의 초기 설계단계부터 참여토록 한 촉매제였다. 정보기술시스템을 기반으로 해 생산되는 전자기록물은 라이프사이클의 초기단계에서부터 통제되어야 했다. 이를 통해야만 전자기록물의 진본성이 보호될 수 있기 때문이다. 또한 전자기록물의 관리라는 것은 '기술력'에 의존한다. 이는 결국 전자기록물을 관리하기 위해서는 어떠한 기술 내지 전문지식이 필요하며, 전자기록물의 관리에 어떻게 적용해야 하는지를 숙고토록 하는 계기로 작용하게 되었다.

전자기록물은 생산 시점부터 통제되어야 한다.

1940~50년대 메인프레임 컴퓨터의 등장으로부터 1980년대 개인용컴퓨터의 보급 그리고 1990년대의 컴퓨터 네트워크화에 이르는 정보기술의 발전과정은 가히 역동적이라 할 수 있다. 하지만 여기서 우리가 주목해야 할 부분은 이러한 정보기술의 발전과정 그 자체가 아닌, 이러한 기술 어플리케이션상의 변화과정이다.

> **어플리케이션**(*Application*) : 컴퓨터 기술에 기반을 둔 자동화 방식을 통해 업무처리를 지원하는 일련의 과업

어플리케이션은 재원 및 인적자원 관리로 부터, 인증에 관련된 각종 업무의 처리, 그리고 보고서 및 기타 서류의 준비에 이르기 까지 다양한 범주의 기능들을 지원해준다. 아울러 이를 통해 기록물이 생산되고 활용되게 된다. 이러한 점을 염두에 둘 때, 기록물의 변화상을 이해하기 위해서는 이러한 어플리케이션의 설계단계에서 발생하는 변화상을 미리 파악해야 할 필요가 생기게 된다.

기록물의 생산·관리에 활용되는 컴퓨터 기술의 발전과정은 크게 메인프레임 컴퓨팅, 개인용 컴퓨팅, 컴퓨터 네트워크화라는 세 단계로 구분해 볼 수 있다. 기록관리자는 이들 중 최소한 한 가지 영역 이상은 경험해 보았을 것이다. 아래에서는 이들 세 영역상의 주요 논점들을 간략히 살펴보도록 하겠다.

> 위의 세 영역에 대한 보다 상세한 논의는, 『기록관리자를 위한 전산시스템』(*Understanding Computer Systems : An Overview for Records and Archives Staff*) 을 참조.

메인프레임 컴퓨팅(Mainframe Computing)

가장 초기적인 형태의 메인프레임 컴퓨터는 1940년대에서 1950년대 대기업 및 일부 정부기관에서 사용되기 시작하였다. 이 당시 메인프레임 컴퓨터는 회계, 조세 및 각종 통계와 같은 수치적 계산 등의 업무를 자동적으로 처리하는 역할을 담당하였다. 이들 컴퓨터로 데이터를 입력시키면, 컴퓨터내의 배치 작업을 통해 데이터들이 처리되는 방식이었다.

> **배치**(*Batch*) : 컴퓨터 처리상의 하나의 단위로 인식되는 작업 내지 데이터그룹, 또는 소프트웨어 프로그램

일괄처리(Batch Processing)는 일정기간에 걸쳐 미리 축적된 데이터그룹을 일시에 처리하는 컴퓨터 기술을 말한다. 이러한 일괄처리를 통해 방대한 양의 데이터들은 전체적으로 처리되어 각종 통계자료, 회계보고서 및 기타 과학실험상의 분석서 등 통합데이터 형태로 출력되게 된다.

메인프레임 컴퓨터의 구입 및 운용을 위해서는 상당량의 재원이 소요된다. 특정 업무처리를 위해서는 이에 대한 처리만을 전담하는 별도의 소프트웨어를 개발해야 한다. 이를 위해 메인프레임 컴퓨터를 도입한 조직 대부분은 별도의 전담부서를 두고, 여기에 시스템분석가·프로그래머·컴퓨터관리자 등의 전문가를 고용해, 컴퓨터의 관리에서부터 시스템의 설계, 응용프로그램의 개발에 이르기까지 전담시켜왔다.

1960년대 컴퓨터 제조회사들은 다수의 사용자가 동시에 컴퓨터에 접근할 수 있는 '시분할'(time-sharing) 개념을 개발하였다. 시분할 개념은 컴퓨터 네트워킹 및 원격지접근의 초기적 형태를 창안케 하였으며, 이와 연관된 새로운 소프트웨어 개발을 촉진시켰다. 새로이 개발된 소프트웨어는 컴퓨터의 운용 및 데이터 보관상의 경비를 절감시켜줄 뿐만 아니라, 보다 복잡한 처리업무의 자동화를 가능케 하였다. 그러나 아직 시스템 설계 및 컴퓨터 운용은 사용자와는 거리가 먼, 전문적 기술영역으로 남아 있었다.

1970년대 및 1980년대 까지도, 대형컴퓨터의 활용 여파가 기록관리상에 일정 변화를 야기시키는 징조는 아직 나타나지 않았다. 대부분의 컴퓨터센터에서는 테이프자료실을 설치하여, 기계가독형 매체의 보관 및 처리, 기타 재활용 등의 업무를 관할케 하였다. 기록관리자에게 안겨다 준 가장 분명한 영향이 있다면, 이는 다름아닌 종이기록물의 생산량을 일층 가중시킨, 컴퓨터시스템을 통한 프린트 출력물의 급증이라 할 수 있다. 이 시기 전자기록에 대한 지배적인 인식은 특별한 매체의 기록물이라는 생각 정도였다. 전자기록은 그 안에 수록된 내용의 파악을 위해 일차적으로 의미가 있었으며, 행위 내지 의사결정의 증거로서 요구되는 기록물은 모두 종이에 출력되어 문서철에 보관되었다.

이 시기 전자기록에 대한 아키비스트의 임무는, 여론조사 및 각종 센서스 등 사회과학적 연구결과를 담고 있는 컴퓨터파일의 평가·수집·보존 정도에 국한되어 있었다. 간혹 대규모 데이터베이스가 수집·평가되기도 하였지만, 아키비스트의 일차적인 관심사는 위와 같은 데이터파일에 한정되어 있었다. 미국 및 캐나다의 국립기록보존소에서 세계 최초로 수립했던 초기적 형태의 기계가독형 아카이브 프로그램은, 이러한 시대적 상황을 잘 대변해주는 데이터 저장소의 전형적인 모델이라 할 수 있다.

> *전세계 데이터의 상당 부분은 대형컴퓨터에 저장되어 있다.*

1990년대 들어 가속화된 개인용컴퓨터의 보급 및 네트워크 기술의 발전 속에, 대부분의 정보기술 전문가들은 대형컴퓨터의 사양화를 예견하였다. 하지만 이러한 예견은 빗나갔다. 대형컴퓨터는 여전히 광범위한 산업 전반에 걸쳐 중요한 기능을 담당하고 있다. 비록 세계의 정보기술 시장에서 대형컴퓨터가 차지하는 시장점유율이 미미하다는 사실은 부인할 수 없지만, 전세계 데이터의 상당 부분은 여전히 대형컴퓨터에 지장된다는 사실을 염두에 두어야 할 것이다.

[연습 2]

다음의 질문사항에 대한 간략한 답을 적어보도록 하자.

소속 기관은 현재 대형컴퓨터를 사용 중에 있거나, 사용해 본 적이 있는가? 대형컴퓨터가 수행하는 업무는 무엇이며, 어느 부서에서 그 운용 및 관리를 담당하고 있는가? 데이터의 입력방식은 무엇이며, 어떠한 절차를 거쳐 무엇이 산출되는가? 대형컴퓨터 내에 정보의 백업 절차는 존재하는지, 만약 존재한다면 어떻게 이루어지고 있는지 확인해 보자. 아울러 이러한 정보의 백업은 누가 책임지며, 백업 정보는 어디에 저장되는지도 파악해 보도록 하자.

개인용 컴퓨터

1981년 미국 IBM사는 일명 PC라 불리는 개인용 컴퓨터를 시장에 출시하였다. PC는 조직 및 개인의 업무수행 방식에 혁명적인 변화를 몰고 왔다. 1980년대 중반에 들어서면서부터 PC는 워드프로세서 및 데이터베이스 관리, 스프레드시트, 그래픽디자인 등의 '사용자 친화적' 소프트웨어를 탑재하게 되었다.

사용자 친화적 웨어*(user-friendly ware)* : 설치, 가동, 활용이 간단한 컴퓨터 소프트웨어 및 하드웨어

PC의 출현은 전자기록의 생산 및 관리, 통제 방면에서 몇 가지 중요한 의미를 창출해 내고 있다. 중앙의 데이터처리부서에 의해 운용되는 대형컴퓨터와는 달리, PC는 사용자 개인에 의해 통제된다. PC를 보유한 자는 직접 사용 시기 및 활용 방식을 결정함과 더불어, 컴퓨터 내에 저장된 정보를 직접 관리할 수 있다. PC는 보다 광범위한 사용자층에게 보다 편리한

자료처리 환경을 제공해주고 있다.

> *개인용컴퓨터는 업무현장에서 가장 광범위하게*
> *사용되는 기술적 도구이다.*

현재 전세계에 걸쳐 PC(보다 휴대가 편리한 노트북과 더불어)는 업무현장에 가장 광범위하게 보급되어 활용되는 기술적 도구로 자리하고 있다. 그러나 PC에 대한 의존도의 증가와 함께, PC에 저장된 정보의 검색 및 시간의 경과에 따른 저장상의 어려움 또한 날로 커지고 있다. 이와 관련된 문제는 다음과 같다.

- PC에 저장된 정보 관리를 위한 표준 및 각종 규칙의 부재
- 부적절한 백업 절차
- 저장 매체의 취약성
- 일부 응용소프트웨어의 비호환성

PC가 네트워크로 연계됨에 따라 정보의 저장 및 검색상의 문제들은 더욱 더 증대되고 있는 실정이다.

[연습 3]

다음의 질문사항에 대한 간략한 답을 적어보도록 하자.

소속기관에서는 PC를 사용하고 있는가? 어떠한 소프트웨어를 어떠한 목적으로 사용하고 있는가? 파일의 백업 절차가 존재하는가? 백업 디스켓은 어떻게 표시하고 보관하는가? 모든 정보는 항시 디스켓에 저장하는가? 만약 그러하다면 어떠한 방식 및 절차를 통해 저장하는가?

컴퓨터 네트워킹

컴퓨터상의 혁명적인 진보 중 하나로 간주되고 있는 기술은 1980년대 중반 들어 소개된, 컴퓨터와 정보통신 기술의 통합으로 형성된 컴퓨터 네트워크체계이다.

컴퓨터 네트워크 기술은 수많은 PC를 근거리통신망으로 상호 연계시킴으로써, 응용소프트웨어 및 파일 저장공간을 공유할 수 있도록 할 뿐만 아니라, 문서 및 각종 정보를 전자적으

로 자유롭게 교환할 수 있게 해주었다.

> **근거리통신망**(*Local Area Network*) : 특정 건물, 기관, 대학 캠퍼스 등
> 과 같은 한정된 지역 내에 설치된 컴퓨터 네트워크 체계. LAN이란
> 약어로 불리기도 한다.
>
> **컴퓨터 네트워크**(*Computer Network*) : 정보통신 기술을 통해 상호 연
> 계되는 컴퓨터 및 주변장치의 그룹화. 사용자 그룹은 정보의 공유 및
> 상호 교환이 가능해진다.

1980년대 후반 들어 진행된 TCP/IP 등과 같은 정보통신 표준의 광범위한 채택은, 수백 수천만 대의 PC를 전국적, 전세계적 네트워크망으로 연계시킬 수 있도록 해주었다. 이러한 연계망 가운데 가장 널리 알려진 것은 바로 인터넷으로, 1998년 현재 100여 개국에 걸쳐 1억 명 이상의 사용자를 확보하고 있는 것으로 추산되고 있다.

> **인터넷**(*Internet*) : 데이터의 교환 및 처리작업의 배분을 가능케 하는,
> 컴퓨터 네트워크의 지역적, 국가적, 전세계적 연계망
>
> **표준**(*Standard*) : 인증된 표준화기구에 의해 승인되거나, 산업 분야
> 에서 '사실상'의 기준으로 채택되고 있는 정의 내지 규정
>
> **전송제어 프로토콜/인터넷 프로토콜**(*Transmission Control Protocol
> /Internet Protocol : TCP/IP*) : 네트워크망에 걸친 데이터 전송을 위해,
> 인터넷상에서 '사실상'의 표준으로서 사용되고 있는 프로토콜

컴퓨터와 정보통신 기술의 통합을 토대로 하는 네트워크화는 기록물의 생산 및 보존, 활용방식 측면에서 중요한 의미를 내포하고 있다. 네트워크 연계망은 개별적 PC들을 중앙처리장치의 일부분으로 편입시키게 되며, 이를 통해 현재 조직의 업무 수행에 필요한 총체적 정보의 교환 및 처리를 기술적으로 가능케 해준다.

> *네트워크망의 기술적 활용성 및 클라이언트/서버구조(Client-
> Server Architecture) 등에 대한 보다 심도있는 논의는 『기록관리
> 자를 위한 전산시스템』(Understanding Computer Systems: An
> Overview for Records and Archives Staff)을 참조*

전자기록물관리

네트워크 환경 하에서는 기록물이 중앙처리장치의 데이터베이스는 물론, 네트워크상으로 공유되는 파일공간 및 각 개인용 PC의 하드드라이브에도 존재하게 된다. 이처럼 기록물이 복수의 공간에 존재하는 상황은 기록물의 생산 및 수정, 삭제 등의 행위에 대한 통제를 한층 어렵게 한다. 더욱이 네트워크망을 통해 복수의 자가 기록물의 생산에 관여하게 되는 관계상, 기록물의 출처 내지 생산자의 파악은 더욱 난해해지게 된다.

복수의 자들에 의한 정보의 동시적 사용 또한 가능해진다. 전자적 형태로 정보를 받는 것이 보다 선호되는 추세이며, 전자적 형태의 정보는 손쉽게 출력되어 활용되고 있다. 이에 발맞추어 법원에서도 점차 전자기록을 법적 증거로서 채택해가고 있다. 이와 같은 경향들은 결국 각 기관의 기록물들이 과거보다 더 정교하면서도 전문적인 방식으로 관리되도록 유도해 가고 있다.

[연습 4]

소속기관에서는 어떠한 컴퓨터 네트워크망을 구축하고 있는가? 누가 네트워크망에 접속하며 어떠한 소프트웨어들이 공유되어 사용되는가? 어떤 기록들이 네트워크상으로 공유된 파일공간에 저장되어 있으며, 또한 검색이 용이하도록 어떻게 분류되어 있는가? 모든 컴퓨터는 인터넷에 연결되어 있는가? 누가 네트워크 관리의 책임을 담당하고 있는 가? 네트워크상에 저장된 정보들의 백업기능은 마련되어 있는가? 만약 그렇다면 이러한 백업기능은 어떻게 운용되며 누가 그 책임을 담당하고 있는지, 그리고 백업된 정보들은 어디에서 관리되고 있는지 조사해 보도록 하자.

컴퓨터화는 기록물의 생산 및 관리방식에 있어 매우 중요한 의미를 내포하고 있다. 이러한 점을 염두에 두면서, 본 과의 나머지 부분에서는 전자기록물의 개념 및 전자레코드키핑 시스템에 대해 개괄적으로 살펴보도록 하겠다.

3. 전자기록이란 무엇인가?

정부기관에서든 민간부문에서든, 업무행위 및 의사결정 사항을 문서화시킴과 더불어 권한과 책임을 규명하기 위해, 또한 필요한 정보들을 교환하기 위해, 기록물을 생산하고 활용하게 된다.

기록이란 매체나 유형에 상관없이, 기관 내지 단체, 개인의 법적 의무수행 및 업무처리과정의 증거로서 생산·접수·관리·활용되는 문서로 정의할 수 있다. 기록은 시대를 연계시켜주는 전승의 도구로서, 그 본래의 내용은 결코 변화될 수 없는 속성을 지니고 있다.

> *전자기록은 컴퓨터를 통해 생산·전송·처리*
> *될 수 있는 기록물이다.*

전자기록물은 컴퓨터를 통해 생산·전송·처리될 수 있는 기록물을 말한다. 전자기록의 기본적인 특성은 다음과 같이 요약할 수 있다.

- 마그네틱테이프, 카세트, CD-ROM, 하드디스크 및 플로피디스크 등과 같은 마그네틱 내지 광매체에 기록된다.
- 2진부호를 통해 작성된다.
- 컴퓨터 소프트웨어 및 하드웨어를 통해 판독된다.
- 업데이트, 수정, 삭제 등이 용이하다.

2진부호*(binary code)* : 2진 기호, 즉 0과 1을 사용하여 데이터를 기호화시키는 체계

> *2진부호에 대한 보다 상세한 정보는 『기록관리자를 위한 전*
> *산시스템』(Understanding Computer Systems : An Overview for Records*
> *and Archives Staff) 을 참조*

전자기록은 업데이트 및 수정 등이 용이하다는 사실과 더불어, 이를 통해 항시 새로운 기록물이 생성된다는 사실 또한 염두에 두어야 할 것이다.

전자기록과 데이터는 동일한 개념이 아니다. 데이터는 아직 처리되지 않은 비정형화된 원시정보를 지칭한다. 데이터는 쉽게 업데이트되거나 수정·편집되며, 복제 및 재활용 또한 용이한 속성을 지닌다. 그러나 데이터에는 맥락(context) 및 구조(structure)가 결여되어 있으며, 따라서 그 자체만으로는 어떠한 의미도 지니지 못하게 된다. 이에 반해 기록은 자체 내의 내용뿐만 아니라 맥락 및 구조를 통해 스스로의 의미를 발하게 된다.

하지만 여기서 명심해야 할 점이 하나있다. 기록은 데이터를 바탕으로 형성되며, 데이터는 기록을 토대로 생성된다는 점이다. 한마디로 말해 기록과 데이터는 상호 공생관계에 있

다고 할 수 있다. 예를 들어 보자. 아직 정리되지 않은 데이터는 보고서란 기록의 생산을 위해 통합정리되고 구조화되게 된다. 이러한 보고서에 수록된 통합정보들은 다시 전체 데이터베이스에 입력되어, 새로운 보고서식을 생산하기 전까지 가공되지 않은 원시데이터를 형성하게 된다. 이상과 같이 살펴본 데이터와 기록의 기본 속성을 요약하면 아래의 도표 1과 같이 정리할 수 있다.

데이터(Data)	기록(Records)
• 아직 처리되지 않은 비정형화된 원시 정보 • 조작, 업데이트, 수정, 복제, 재활용 용이 • 내용, 맥락, 구조 정보의 결여	• 구조화된 정보 • 매체에 '항구적으로' 기재됨(단, 매체 자체가 기록은 아님) • 내용, 맥락, 구조 정보가 존재

도표 1 : 데이터와 기록의 속성 비교

정보관리 및 데이터처리 분야에서는 기록물을, 컴퓨터 파일상의 기본 단위를 형성하는 상호 연관된 데이터 요소들의 집합으로 정의한다는 점을 염두에 두어야 할 것이다. 이러한 정의는 전자기록물 관리 분야에서 사용되는 정의와는 전적으로 상이하다. 개념적 혼돈을 피하기 위해, 여기서 잠시 각 분야의 기록물에 대한 정의를 정리하고 넘어가도록 하자.

> ***기록(1)*** : 매체나 유형에 상관없이, 기관 내지 단체, 개인의 법적 의무 수행 및 업무처리 과정의 증거로서 생산·접수·관리·활용되는 문서
>
> ***기록(2)*** : 데이터베이스 내에 존재하는 하나의 완결된 정보체. 기록은 다수의 필드(field)로 구성되며, 이러한 필드 각각에는 한 건의 정보가 포함되어 있다.
>
> ※ 이번 교재 시리즈 상에서는 위의 (1)과는 구분되는 (2)의 개념을 표현하기 위해 '데이터베이스 기록'(Database Record)이란 용어를 사용하였다.

전통적으로 기록물은 물리적 객체(physical objects)로 인식되어 왔다. 기록물은 일반적으로

종이와 같은 특정 매체에 사람이 직접 인지할 수 있는 문자, 숫자, 그림 등의 기호로 작성되었다. 전자기록물 또한 마그네틱테이프 내지 디스크 등의 매체에 수록되게 되나, 기록으로서의 본질은 전적으로 매체에 의존하지 않는다. 즉 전자기록은 매체에 기재된다는 점에서 전통적인 기록과 대동소이하지만, 이러한 매체 자체가 기록은 아니라는 점이다. 전자기록은 물리적 객체로서 보다는 논리적 객체(logical objects)로 파악되어야 한다. 왜냐하면 문자, 숫자 등의 표시를 위해 사용된 2진부호를 가독할 수 있는 컴퓨터 소프트웨어 및 하드웨어 없이는 전자기록을 읽을 수 없기 때문이다. 논리적 객체로서의 전자기록은 내용(content), 맥락(context) 그리고 구조(structure)라는 세 가지 구성요소를 지니게 된다. 이러한 구성요소들을 간략히 설명하면 다음과 같다.

- 내용(content)은 기록물 자체가 알려주고자 하는 바를 의미한다.
- 구조(structure)는 내용의 외형 및 배열상태(가령, 서식, 폰트, 표, 그래프, 차트 등)와 더불어, 시스템내 기록물간의 연계관계를 지칭한다. 여기에는 기록물 내용의 생산을 위해 사용된 소프트웨어에 대한 구조적 정보와 함께, 기록물간의 연계관계를 관리하는 시스템(플랫폼, 하드웨어 등)에 대한 구조적 정보가 포함된다고 할 수 있다.
- 맥락(context)은 기록물의 내용을 이해하는데 유용한 배경정보를 말하는 것으로, 이는 다시 두 가지 형태로 구분할 수 있다. 그 하나는 특정 문서를 확인, 식별하는데 필요한 정보를 의미하는 것으로, 표제·생산자명·생산일자 등과 같은 정보를 들 수 있다. 나머지 하나는 생산자 및 생산목적에 관한 정보로, 업무기능의 본질, 생산기관 및 부서 등에 대한 정보를 의미한다.

[연습 5]

도표 2에 제시된 사례를 참조하면서, 최근에 접수한 기록물(종이기록물이건 전자기록물이건 관계없음)의 내용, 구조, 맥락을 확인해 보도록 하자.

전자기록물의 내용, 맥락 및 구조 예시	
기록물	○ 신규 조달업무 절차를 공지하는 전자회람 (부서별 조달업무 절차편람 개정사항) - 이는 사내 LAN망을 통해 각 부서별 업무담당자들에게 전자적으로 송부된다.
내용 **(Content)**	- 신규 절차의 필요성 설명 - 조달업무 절차편람상의 개정조항 제시 - 개정조항의 시행일자 공지 - 신규 조달업무 절차에 대한 상세 설명
구조 **(Structure)**	○ 내용구조(Content Structure) : 기록물의 서식 및 내용 배열 등의 내적 구조 - 워드프로세서로 작성된 회람 표준서식 - ASCII 문자 - 영어 - 표준 TIFF로 생성된 그래픽이미지 파일 포함 ○ 시스템구조(System Structure) : 전자기록물의 생산에 사용된 소프트웨어, 시스템 및 관련 링크 등의 외적 구조 - 팬티엄II급 IBM PC - Windows98 운영체계에서 가동한 MS워드97로 생산 - 네트워크화된 Windows NT서버 서브디렉토리에 회람파일 저장 - 조달업무 절차편람이 저장된 모디렉토리에 링크
맥락 **(Context)**	- 조달업무규칙 개정절차에 준거하여 회계부 서기에 의해 생산됨 - 회계부장에 의해 승인, 배포됨 - 1998년 2월 5일 오전 11시 15분에 사내 35개 부서별 담당자들에게 배포됨

도표 2 : 전자기록물의 내용, 맥락 및 구조

4. 전자기록물의 유형

전자기록물은 다양한 범주의 유형으로 생산될 수 있다. 가장 단순하면서도 평범한 유형의 전자기록은 데이터베이스에 저장되어 있는 각종 데이터(종종 데이터파일이라고도 칭함)라 할 수 있으며, 가장 일상적이면서도 광범위하게 생산되는 전자기록의 유형은 텍스트문서 내지 단순 스프레드시트라 할 수 있을 것이다. 하지만 소프트웨어가 점점 더 정교하게 개발됨에 따라, 전자기록 역시 보다 정교해지고 있다. 크게 구분하여 볼 때 전자기록의 유형은 다음과 같은 네 범주로 나뉘어진다.

- 데이터세트(Data sets) : 이것은 하나의 단위로 편성되어 취급되는 상관성있는 전자기록의 그룹으로, 데이터베이스 내에서 생산·관리·활용된다. 예를 들어 특정 지역에 대한 연도별 센서스 정보들은 이러한 데이터세트의 예라 할 수 있다.

- 텍스트문서(Text-based documents) : 기본적으로 워드프로세서를 통해 생산된 문서로, 텍스트만으로 구성되어 있거나 그래픽 이미지가 일부 포함된 경우도 있다. 그러나 근래에 들어서는 단일 텍스트문서에 다른 소프트웨어에서 생산된 내용요소들이 첨부되는 경향이 일반화되어 가고 있다. 예들 들어, 엑셀 프로그램으로 만든 스프레드시트를 MS워드로 작성된 보고서에 첨부시킬 수 있으며, 또한 파워포인트 프로그램으로 작성된 각종 차트 역시 MS워드상에서 불러들일 수 있다.

- 다차원문서(Multi-dimensional documents) : 어떤 전자기록들은 모니터 화면 및 출력물상에 여러 가지 방식으로 구현될 수 있다. 가령 스프레드시트에서는 숫자 및 공식만으로 나타낼 수도 또한 이들의 연산결과로 표현할 수도 있다. 이 양자는 각기 하나의 기록물이 될 수도 아니면 두 개가 합쳐 하나의 기록물을 형성할 수도 있다. 슬라이드와 해설 문구로 구성되는 프리젠테이션 프로그램 역시 다양한 방식으로 표현 및 활용이 가능하다는 점에서 이와 유사한 사례로 들 수 있다.

- 멀티미디어문서(Multi-media documents) : 이것은 서로 다른 프로그램을 통해 생산된 다양한 요소들로 이루어진 문서로, 각 요소들은 상호 보완적 관계를 형성하며 하나의 완결체를 이루게 된다. 여기서는 그래픽, 음향, 텍스트, 동영상 이미지 등이 합쳐 하나의 문서를 형성하면서, 서로 상이한 사용자에 의해 각기 다른 시간에 다양한 형태로 구현될 수 있도록 해준다.

최근 들어 다양한 매체를 통해 생산된 요소들을 종합하여 문서를 작성하는 경향이 날로 증가하고 있다. 예를 들어 네트워크상의 서로 다른 부분에 저장되어 있으면서도 필요시 함께 모아질 수 있을 뿐만 아니라 각기 다른 사용자가 서로 다른 형식으로 표현할 수 있는, 반복적인 사용이 가능한 독립된 요소들로 문서를 구성할 수 있다. 더욱이 일반 텍스트문서에 각종 음향효과를 삽입할 수도, 프리젠테이션에 각종 디지털사운드 및 비디오 화면을 첨부시킬 수도, 또한 연구보고서에 3-D 및 시뮬레이션 효과를 도입하는 것도 가능하게 되었다.

[연습 6]

  소속기관에서 생산되는 데이터세트, 텍스트문서, 다차원문서, 멀티미디어문서의 사례들을 조사해 보자(각 유형 중 일부는 찾아볼 수 없는 경우도 있을 수 있다). 이러한 전자기록은 각기 어떠한 소프트웨어를 통해 생산되었는지, 또한 이들 기록물이 지닌 업무상의 기능은 무엇이며 왜 이와 같은 유형으로 생산되게 되었는지 파악해 보도록 하자.

요약

이번 과에서는 대형컴퓨터의 등장으로부터 개인용 컴퓨터의 개발 그리고 컴퓨터 네트워크화에 이르는, 전자기록물의 생산과 관련된 기술상의 주요 발전과정을 검토하였다. 아울러 전자기록물은 여타 기록과 기본적으로 기록물로서의 동일한 속성을 지닌다고 할 수 있지만, 생산방식 및 저장매체상의 특성으로 인해 전자기록만의 고유성 또한 지닌다는 점 역시 설명하였다. 그리고 모든 기록물은 각기 고유의 내용 및 생산맥락, 구조를 지니고 있지만, 전자기록의 경우에는 이러한 요소들의 파악이 특히 중요함을 강조하였으며, 본 과의 말미에서는 전자기록의 유형을 크게 네 가지로 구분한 다음, 각각의 특성을 개괄적으로 살펴보았다.

학습과제

1. '전통적인' 종이기록과 전자기록의 주요 차이점은 무엇인가?

2. 기록관리전문가가 기록물의 생산시점부터 관여해야 하는 이유는 무엇인가?

3. 정부기관 레코드키핑상에서 컴퓨터가 활용되는 네 가지 주요 분야들을 찾아보도록 하자.

4. '일괄처리'(batch processing)란 무엇인가?

5. 대형컴퓨터가 기록관리 영역에 가져다 준 최초의 충격은 무엇인가?

6. PC 사용의 확대와 연관된 정보 접근상의 주요 문제점들을 설명해 보자.

7. 대형컴퓨터, PC 및 컴퓨터 네트워크화 사이의 주요 차이점을 설명해 보도록 하자.

8. '전자기록물'의 개념을 정의해 보자.

9. 기록물(Records)과 데이터(Data) 사이의 차이점은 무엇인가?

10. 모든 전자기록물이 함유하고 있는 3대 근본 요소를 나열해 보자.

11. 전자기록물 유형을 크게 네 가지로 나누어 열거해 보도록 하자.

연습 : 조언

연습 1-6

이번 모듈에 제시된 모든 연습문제들은, 소속기관에서 당면히고 있는 현행 전자기록관리 상의 문제들을 본 모듈상의 내용들과 비교, 검토해 볼 수 있도록 고안된 것이다. 각 연습문제들에 대한 나름의 답을 작성한 후, 본문 중에 제시된 내용들과 세밀히 비교해 보도록 하자.

전자레코드키핑시스템
(Electronic Recordkeeping System)

　전자기록물은 고립되어 존재하지 않는다. 전자기록 역시 조직 내지 개인의 특정 목표 수행을 위해 생산된다. 이를 감안할 때 여타의 자에 대한 접근을 가능케 하기 위해서는, 전자기록을 레코드키핑시스템 안에서 포착·관리해야 할 필요성이 생기게 된다.

　전자적 정보를 생산·활용하는 조직이 직면하게 되는 가장 큰 문제 중의 하나는, 전자기록을 생산하는 전산시스템이 기록관리와는 무관하게 설계되었다는 사실이다. 이러한 전산시스템에서는 어떻게 기록물이 생산되었으며 어떠한 형식을 갖추고 있는지, 또한 생산자는 누구이며 어떠한 기능 및 처리행위 속에 생산되었는지를 알려주는 생산맥락 및 구조 정보, 즉 메타데이터의 포착이 불가능한 경우가 태만이다. 이는 두 가지 중요한 문제를 야기시킨다. 첫째 기록물의 구조에 대한 정보없이는, 해당 기록물을 생산한 하드웨어 및 소프트웨어가 용도 폐기될 경우 기록물을 검색·판독할 수 있는 방안이 사라지게 된다는 점이다. 둘째, 생산맥락에 관한 정보가 확보되지 않고서는 전자기록물의 의미 파악이 불가능해진다는 점이다.

　이번 과에서는 기록물 자체의 이해에 필요한 정보의 유실없이, 전자기록을 새로운 시스템 내로 이전가능케 해주는 메타데이터 및 각종 표준의 활용방안에 대해 설명토록 하겠다.

Ⅰ. 메타데이터

　일반적으로 기록물의 필요성은 기록물을 생산해 낸 시스템의 필요성보다 더 오래 지속된다. 메타데이터는 기록물의 진본성(Authenticity) 및 무결성(Integrity)을 유지시킴과 아울러 실제 기록물의 분석에 필요한 생산맥락 포착을 가능케 해주는, 기록관리상의 필수 불가결한 요소라 할 수 있다.

> *메타데이터는 데이터의 데이터라 요약할 수 있다.*

기록관리 영역에서 메타데이터는 비교적 새로운 개념이라 할 수 있다. 메타데이터에 대해 주목하기 시작한 것은, 전자기록의 경우 생산맥락에 대한 정보없이는 향후 해당 기록물의 완벽한 이해가 불가능하다는 사실을 깨달으면서 부터이다. 메타데이터는 전자기록물에 내재되어 있는 이러한 정보들을 체계적이면서도 구조적 방식으로 포착하려는 하나의 시도라 할 수 있다.

메타데이터는 지금도 개발 중에 있는 개념으로, 메타데이터를 위한 표준 역시 아직 등장하지 못하였다. 현재 전세계적으로 메타데이터에 대한 심도있는 연구가 진행되고 있지만, 명확한 실무적 지침의 개발은 아직 요원한 상태이다. 그럼에도 불구하고 메타데이터는 분명 지대한 연구적 관심이 집중되는 분야로, 기록관리 분야의 각종 국제단체들에서는 실무상의 지침 및 표준안 개발을 위해 부단한 노력을 경주하고 있다. 무릇 기록관리전문가라면 이러한 개발사업에 끊임없는 관심과 참여를 게을리 하지 말아야 할 것이다.

그렇다면 메타데이터란 무엇인가? 메타데이터는 데이터에 대한 데이터 내지 데이터들의 '축약된 정보라 할 수 있다.

***메타데이터**(Metadata)* : 기록물의 생산 및 활용, 보존 등을 위해 사용된 기술적, 행정적 절차들을 설명해주는 정보

메타데이터는 데이터의 본원적 의미를 창출시켜준다는 점에서, 원시데이터를 기록물로 변환시키는 수단이라 할 수 있다. 메타데이터는 언제, 누가, 어떻게 특정 기록물 내지 데이터를 생산, 수집 내지 접수하였는지를 설명해주는 배경정보이다. 특히 기록물 내지 데이터가 전산방식으로 생산될 경우, 이러한 배경정보 없이는 해당 기록물을 세부적으로 파악하는 것은 불가능하게 된다.

여기서 잠시 다음과 같은 데이터를 살펴보도록 하자.

100965   020359   031265   300989   060297

위의 데이터가 어떠한 정보를 의미하는지 파악할 수 있는가? 분명한 답은 '절대 불가' 뿐일 것이다. 위의 데이터에 열거된 숫자들은 소도시별 인구 총계로도 예산 항목별 예산안으로도 추측해 볼 수 있으며, 또한 전화번호 리스트 내지 자동차 번호판 숫자로도 추론이 가능

할 것이다. 이와 같은 데이터에 특정 의미를 부여할 수 있는 유일한 길은 위의 '내용'을 '생산 맥락' 및 '구조'와 연계시키는 것이다. 여기서 말하는 생산맥락 및 구조가 바로 우리가 파악코자 하는 메타데이터인 것이다.

메타데이터는 정보관리학 분야에서는 오래전부터 사용되어 온 개념이다. 하지만 보다 넓은 범주에서 메타데이터의 개념을 이해한다면, 기록관리자들은 이미 메타데이터 전문가라 할 수 있다. 본질적으로 메타데이터는 종이기록물 환경에서 활용되어 온 각종 정보들을 전자적으로 통합시키기 위한 새로운 개념으로 단순화시켜 파악할 수도 있다. 예를 들어, 색인 카드, 파일표지, 파일등록부 등에는 메타데이터 요소들이 포함되어 있으며, 또한 전자적 환경 하의 동일물들과 유사한 기능을 수행해주고 있다.

'레코드키핑 메타데이터'는 '시스템운용 메타데이터', '데이터관리 메타데이터', '접근·검색 메타데이터' 등 다양한 용도를 지닌 수많은 메타데이터 중의 하나이다. 레코드키핑 메타데이터는 다음과 같은 다양한 기능을 지닌다.

- 기록물의 식별
- 기록물의 진본 여부 확인
- 접근·처리상의 조건 관장
- 기록물 이용상황 추적 및 문서화
- 승인된 이용자에 대한 접근, 검색 및 정보 제시
- 불법적 접근 제한
- 기록물의 고유 의미 보존에 필요한 생산맥락 및 구조 정보를 체계적인 방식으로 포착

메타데이터는 데이터의 단순 목록으로부터 데이터세트 내지 기록물에 대한 상세정보에 이르기까지, 몇 개의 단계로 조직화시킬 수 있다. 메타데이터는 기관 전체 기록물의 인벤토리 생산에 이용될 수 있으며, 필요한 정보의 식별 및 검색행위에도 유용하게 활용될 수 있다. 또한 한 조직의 전체 기록물 및 데이터를 체계적으로 파악할 수 있게 할 뿐만 아니라, 핵심 담당자의 퇴임, 전직 내지 조직내 부서 이동시에 발생할 수 있는 필수 정보의 유실을 예방해 주기도 한다.

[연습 7]

레코드키핑상에서 메타데이터가 지니는 중요성을 세 가지 정도 설명해 보도록 하자.

컴퓨터시스템을 통한 풍부한 메타데이터의 확보가 가능한 상황이라면, 전자기록물 관리를 위해 이러한 메타데이터를 최적으로 활용할 수 있도록 하는 방안을 강구해야 할 것이다. 활용 가능한 레코드키핑 메타데이터의 종류는 '조건 메타데이터'(terms and conditions metadata), '구조 메타데이터'(structural metadata), '생산맥락 메타데이터'(contextual metadata), '내용/이용 메타데이터'(content and use metadata) 등을 들 수 있다(각 사례에서 언급하고 있는 IT 관련 표준에 대해서는 이번 과의 후반부에서 보다 상세히 설명토록 하겠다).

> *메타데이터의 종류는 '조건 메타데이터', '구조 메타데이터',*
> *'생산맥락 메타데이터', '내용/이용 메타데이터' 등을 들 수 있다.*

조건 메타데이터는 접근 및 사용, 처리요건상의 제한 사항을 명시해 준다.

- *접근조건/제한(access condition/restrictions)* : 조직원의 직책 및 직위에 따라 기록물에 대한 접근권한을 한정시켜주는, 생산자에 의해 부여된 텍스트정보
- *사용조건/제한(use condition/restrictions)* : 조직원의 직책 및 직위에 따라 기록물에 대한 사용권한을 한정시켜주는, 생산자에 의해 부여된 텍스트정보
- *처리요건(disposal requirements)* : 일반적으로 기록물처리일정표의 형태로 제시되는, 시스템으로부터 기록물(전체 또는 일부분)의 이전, 삭제 등에 관련된 요건을 설명해주는 정보

구조 메타데이터는 기록물의 구성방식에 관한 정보 및 해당 기록물이 생산된 논리적 구조를 제시해준다. 예를 들어, 보고서의 표제 및 보고서내 항목, 보조항목 명칭 간의 계층적 관계를 고려해 보도록 하자. 만약 보고서의 구성방식에 관한 구조정보가 부재하다면 보고서 내의 논리적 연관관계는 파괴되고, 내용목차 구성은 틀리게 되어 결국 보고서의 내용은 뒤죽박죽 섞이게 될 것이다. 구조 메타데이터의 몇 가지 사례는 다음과 같다.

- *파일식별(file identification)*은 기록물을 구성하는 개별 파일들의 확인을 가능케 해주며, 이를 통해 시스템에서는 개별 파일들을 통합시켜 하나의 기록물을 형성시키게 된다. 예를 들어 보자. 'report.doc'란 문서파일은 워드프로세서로 작성된 보고서이다. 하지만 이 파일에는 클립아트(clip art) 데이터베이스에 저장되어 있는 'image.gif'란 그래픽 이미지와 더불어, 재무정보 관련 보조디렉터리에 저장된 'spreadsheet.xls'란 스프레드시트가 포함되어 있다. 각 파일은 식별을 위한 파일명 및 각각의 저장위치 파악을 위한 위치정보를 지니게 된다. 이러한 정보는 반드시 구조 메타데이터로 포착, 관리되

어야 할 것이다.

- *파일코드화(file encoding)*는 양상화방식(modality)(가령 문장, 수치, 그래픽, 사운드, 비디오 등등), 데이터코드화 표준(ASCII, EDCDIC), 압축방식(JPEG, MPEG), 암호화방식(기록의 내용을 암호화하는데 사용되는 알고리즘) 등, 개별 파일의 생성에 이용된 코드를 확인시켜 준다.

- *파일 랜더링(file rendering)*은 기록물을 재현할 수 있도록 해주는, 해당 기록물이 생성된 방식의 파악을 가능케 한다. 여기에는 응용소프트웨어 및 운영체계, 하드웨어, 그리고 표준언어(SGML, Postscript, TIFF) 등에 대한 정보를 포함하게 된다.

- *내용구조(content structure)*는 데이터세트의 범위, 데이터사전, 데이터구분자 내지 라벨, 데이터에 사용된 코드값을 함유하는 전거파일 등을 포함하는, 기록물 내용상의 구조를 명시해준다. 데이터사전은 데이터베이스의 기본 구조를 알려주는 하나의 파일로, 데이터베이스에 저장된 모든 파일의 목록, 각 파일에 수록된 기록물의 수 및 각 필드의 명칭, 유형 등을 포함하고 있다. 구분자 내지 라벨은 두 개의 데이터명 또는 데이터 부분을 분리시키거나, 프로그래밍 구조상의 시작과 끝을 표시하기 위한 구두점 내지 기타 기호체계이다. 구분자는 거의 모든 컴퓨터 소프트웨어에서 사용되고 있다. 가령 파일 경로명에 사용되는 '/ '는 'C:/My Documents/Reports/report.doc'의 사례처럼 디렉토리와 파일명을 분리시켜주는 구분자라 할 수 있다. 기타 일상적으로 사용되는 구분자로는 ' 〃 { } 등이 있다.

- *소스(source)*는 기록물의 기원 내지 데이터가 활용된 관련 환경을 명시해준다. 또한 데이터 내지 기록물이 생산된 컴퓨터시스템 뿐만 아니라, 데이터 갈무리에 사용된 장치(사운드레코딩, 로케이션레코딩, 제조회사, 기기 모델번호 등 포함) 역시 확인시켜준다.

생산맥락 메타데이터는 기록물의 출처(생산자 내지 생산을 담당한 시스템)를 명시해줄 뿐만 아니라, 처리행위에 대한 증거자료로서 활용하는데 필요한 정보들을 제시해준다. 생산맥락 메타데이터의 예는 다음과 같다.

- *처리행위 정보(transaction information)*는 해당기록물과 관련되어 있는 처리행위 자체에 대한 정보뿐만 아니라, 처리행위를 담당하는 개인 내지 시스템, 처리행위 시작 및 종결 일시, 처리행위의 유형(기능적 맥락), 동일 업무내 전후로 관련된 처리행위 등에 대한 정보 역시 제시해준다.

- *책임성 정보(Responsibility information)*는 해당 처리행위에 대한 책임을 지니는 조직, 부서 내지 개인을 명시해 줄 뿐만 아니라, 처리행위의 승인권위, 처리행위를 담당하는

시스템 및 그 운용절차의 책임성 소재 등에 정보를 제시해준다.

내용 메타데이터는 처리행위에 대한 실제 정보들을 포함하고 있다. 이용 메타데이터는 기록물 생산 이후의 이용현황을 문서화한 것이다. 일반적으로 여기에는 어떻게 데이터가 이용(즉 검토, 복사, 편집, 색인화, 분류, 송부)되었으며, 언제 누가 이러한 행위를 수행하였는가에 대한 정보들이 포함되게 된다. 이와 같은 메타데이터는 시스템 사용자 및 사용 시간동안의 수행내역을 기록해주는, 시스템상의 감사추적 기능을 통해 얻을 수 있다.

감사추적(audit trail) : 누가 컴퓨터시스템을 사용하였으며 사용시간 동안 어떠한 내역을 수행하였는지를 기록해주는, 컴퓨터시스템상의 기능

감사추적 기능은 시스템상의 보안유지 및 손실된 처리행위의 복원에 유용하게 활용된다. 회계시스템 및 데이터베이스 관리시스템은 대부분 이러한 감사추적 기능을 지니고 있다. 네트워크 관리자들이 네트워크상의 정보이용을 감시할 수 있도록 하는 별도의 감사추적 소프트웨어도 개발되어 있다.

[연습 8]

메타데이터의 종류에는 어떠한 것들이 있으며 각기 어떠한 역할을 담당하고 있는가? 소속기관 내에서 생산된 문서를 활용하여 그 안에 내재되어 있는 메타데이터 요소들을 조사해 보도록 하자.

메타데이터의 수집

메타데이터를 창출하는 첫 번째 단계는, 현재 존재하는 데이터 및 기록물을 목록화시키는 것이다. 만일 기존의 메타데이터에 결정적인 결함이 존재한다면, 메타데이터의 수집 및 생성절차는 바로 시작되어야 할 것이다.

또한 신규 데이터에 대한 메타데이터의 수집계획도 수립되어야 할 필요가 있다. 데이터가 입력되는 시점에서 정확하면서도 상세한 메타데이터를 수집하는 것이 가장 바람직하다고 할 수 있다. 이와 아울러 시간의 경과에 따른 데이터의 변화상을 반영시킬 수 있는 메타데이터의 관리 계획 역시 마련되어야 할 것이다.

> *메타데이터는 체계적이면서도 자동적인 방식으로*
> *수집될 수 있어야 한다.*

메타데이터는 컴퓨터상의 서식 및 템플릿(template), 기타 유틸리티 프로그램 등을 통해 시스템상에서 모아지거나 자동적으로 포착될 수 있다.

시스템 자동생성 메타데이터

전자레코드키핑시스템에서는 손으로 직접 작성하는 노고를 경감시키고 전자기록물의 진본성 및 무결성을 보호할 수 있도록 하기 위해, 메타데이터의 자동문서화 기능을 활용해야 할 필요가 있다.

전산시스템에는 자동적으로 메타데이터를 포착해 기록화시키는 기능을 탑재시킬 수 있다. 예를 들어보자. 앞서 살핀 바대로 데이터사전은 데이터베이스의 기본 조직을 설명해주는 하나의 파일이다. 대부분의 전산시스템에서는 데이터사전이 변경되거나 삭제되는 것을 방지하기 위해 숨겨 관리한다. 데이터사전은 데이터베이스상의 실제 데이터를 포함하지도 또한 이를 관리하지도 않는다. 하지만 데이터사전이 없다면, 데이터베이스 관리시스템은 데이터베이스상의 실제 데이터에 접근할 수 없게 된다. 데이터의 식별에 필요한 구조 및 생산맥락 메타데이터는 데이터사전으로부터 시스템을 통해 자동적으로 수집될 수 있다.

서식기반 메타데이터

컴퓨터상의 서식은 문서작성 전과정을 상세히 안내해준다. 즉 해당 항목에 따라 박스상의 빈칸을 메우거나 관련 사항을 선택해 클릭하면 되도록 되어 있다. 일부 서식에서는 필수 기재사항과 선택 기재사항을 지시하는 경우도 있다. 만일 서식이 시스템상으로 규정되어 있다면, 사용처 마다의 메타데이터 요소 재활용이 용이해지게 된다.

이에 대한 사례는 MS워드상의 '파일' 컬럼에 있는 '등록정보' 항목에서 잘 찾아볼 수 있다. 여기서는 문서상의 제목, 저자, 관리자, 회사, 키워드 및 범주 등에 대한 정보를 포착할 수 있다. 또한 문서의 생산일자, 수정일자, 접근일자 및 인쇄일자의 파악도 가능하며, 단어수, 파일크기, 파일형식 및 위치 등의 정보 역시 제시해주고 있다.

컴퓨터응용 템플릿 및 스타일

템플릿은 문서의 기본 골격을 규정해준다. 템플릿에는 보일러플레이트(boilerplate) 문서, 이용자 툴바(toolbar), 매크로(macro) 등이 포함된다고 할 수 있다. 템플릿은 미리 규정된 기본 골격에 따라 문서의 생산을 유도함으로써 정보의 구조화에 일조하게 된다. 가령 일상적으로 사용되는 팩스, 메일, 보고서 등의 문서생산에 템플릿은 매우 유용하다. 도표 3은 MS워드로 만든 팩스 템플릿의 사례이다. 템플릿에는 정보 입력을 위한 장치들이 포함되어 있다. 스프레드시트나 데이터베이스 프로그램에서는 템플릿이 보통 공란으로 이루어져 있으며, 데이터파일의 명칭 및 위치, 크기 등에 대한 정보를 포함하게 된다.

스타일(styles)은 문서의 제목, 캡션, 본문 등과 같은 다양한 텍스트 요소들의 외형을 규정해 준다. 즉 스타일은 글자 크기, 굵기, 글자체, 문자간격 등을 지정하는 문서 외형상의 기본 규격이라 할 수 있다. 템플릿과 스타일은 그 자체적으로 메타데이터를 포착하는 도구라고는 할 수 없지만, 구조 메타데이터 및 일부 생산맥락 메타데이터 정보를 시스템상에서 자동적으로 수집하는데 일조한다고 볼 수 있다.

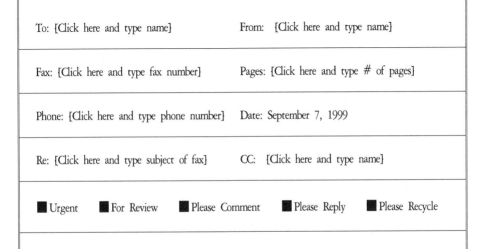

[Click here and type return address and phone and fax numbers]

Organization Name

Fax

To: [Click here and type name]   From: [Click here and type name]

Fax: [Click here and type fax number]   Pages: [Click here and type # of pages]

Phone: [Click here and type phone number]   Date: September 7, 1999

Re: [Click here and type subject of fax]   CC: [Click here and type name]

■ Urgent   ■ For Review   ■ Please Comment   ■ Please Reply   ■ Please Recycle

● **Comments: [Click here and type comments]**

도표 3 : 템플릿 샘플

유틸리티 프로그램

유틸리티 프로그램은 시스템 관리상의 특정 작업만을 수행하는 컴퓨터 프로그램이다. 컴퓨터 운영체계 내에서는 디스크 드라이브, 프린터 및 기타 주변장치 등을 관리하는 수많은 유틸리티 프로그램들이 탑재되어 있다. 유틸리티 프로그램은 프로그램의 크기 및 복잡성, 기능 등의 측면에서 일반 응용프로그램들과 차이가 있다. 가령 워드프로세서, 스프레드시트 등은 시스템 운영에 직접 관련되지 않을 뿐만 아니라, 다양한 기능을 수행하는 대용량 프로그램이라는 면에서 일반 응용프로그램으로 간주된다. 유틸리티 프로그램은 구조 및 생산맥락 메타데이터의 포착에 매우 특별한 용도를 지니고 있다.

앞서 언급한 바대로 메타데이터는 현재까지도 개발단계에 있는 개념이라 할 수 있으며, 수많은 기록관리전문가들이 이에 대한 심도있는 개발사업에 매진하고 있는 중이다. 기록관리전문가는 시스템 개발자와의 협력관계 속에 다양한 메타데이터 모델을 시험, 정립하여 소속기관에서 필요로 하는 메타데이터의 수립을 위해 최선을 다해야 할 것이다.

[연습 9]

각기 생각하고 있는 또 다른 메타데이터 포착방안을 적어 보도록 하자. 소속기관에서는 템플릿 내지 스타일을 사용하고 있는가? 만약 사용 중에 있다면, 어떠한 목적을 위해 이들을 사용하는지 간략히 설명해 보도록 하자.

---

2. 전자기록물의 라이프사이클

> *전자기록물의 라이프사이클은 전자기록물을 생산한*
> *시스템의 라이프사이클보다 길다.*

나날이 진보하는 컴퓨터기술과 병행하여 컴퓨터시스템의 구식화 경향 역시 빠르게 진행되고 있다. 이로 인해 조직내 기록물의 활용기한 만큼, 기록물을 생산한 컴퓨터시스템을 사용한다는 것은 이제 불가능한 현실로 다가왔다. 바로 이것이 전자기록물을 종이기록물과 구별되게 하는 핵심적인 특징이다. 현재의 정황은 전자기록물을 진본성 및 무결성, 가독성을 유지한 채 새로운 시스템으로 이전해야만 하게끔 하고 있다. 이것은 오늘날 전자기록관리 현실이 직면하고 있는 중요한 기술적 도전이라 할 수 있다. 이하에서는 이러한 문제에 대해 검토하도록 하겠다.

전자기록물 관리영역이 당면해 있는 기술적 도전은 실로 엄청나다고 할 수 있지만, 이에 대한 응전 역시 매우 중요한 과제라 아니할 수 없다. 현재 전자기록물은 신규 시스템으로의 이전을 위한 전략적 응전 없이는 더 이상 존속할 수 없다. 여기에는 많은 비용이 소요되며, 아울러 전체 조직의 업무방식을 변화시키는 정책의 수립 및 시행이 요구되게 된다.

고위 관리자층의 승인 및 지원 없이는 여기에 소요되는 재원 마련 및 업무상의 변화를 가져올 수 없다. 가령 전자기록물의 향후 이전에 대비하기 위한 기술표준 채택을 위해서는, 현재 사용 중인 응용프로그램의 호환성 문제 등 조직 전체에 걸친 단기간의 혼동이 뒤따르게 된다.

현 소프트웨어 이용상의 단기적 이익을 우선시할지, 아니면 향후 중요기록물의 활용 편의를 가져올 수 있는 조직 전체의 장기적 이익을 우선시할지를 선정하는 것은 바로 고위관리층의 몫이라 할 수 있다.

이러한 상반된 입장을 조율하는 것은 정책 결정상의 문제이다. 이처럼 향후의 성공적 운영을 담보하기 위해서는 전자기록물 관리를 조직 경영상의 핵심 이슈로 부각시킴과 아울러 고위관리층의 지원을 이끌어내야만 한다.

일단 컴퓨터시스템이 운용되면, 전자레코드키핑시스템 수립계획은 매우 어려운 난관에 봉착하게 된다. 이는 기록물의 라이프사이클이 컴퓨터 장비의 그것보다 훨씬 길다는 사실을 대부분의 컴퓨터시스템 설계자들이 인지하지 못하는 데에서 연유한다. 간단히 말해 이는 컴퓨터시스템에 레코드키핑상의 기본 요건들이 합리적으로 반영되지 못한 결과로, 결국 다음과 같은 심각한 문제들을 양산하게 된다.

- 폐기되어야 할 불필요한 데이터의 누적에 따른 시스템 수행능력 감소
- 지난 정보를 이용한 의사결정
- 불법적 접근 내지 데이터 무단 삭제에서 연유하게 되는, 데이터의 무결성 및 시스템 보안성 파괴
- 관리점검 및 감사 수행 불능

전자기록물의 라이프사이클을 아우르는 레코드키핑 요건들은 조직의 업무를 지원하는 시스템의 설계단계에서부터 계획되어 반영되는 것이 바람직하다. 이러한 계획에는 다음의 사안들이 반드시 포함되어야 한다.

- 기록물이 생산되는 처리행위상의 시점 파악
- 시스템이 포착해야 하는 기록물의 구조 및 생산맥락 요소 규정
- 처리행위의 수행시 기록물을 포착하는 방식 결정
- 관련 법령 및 규정, 정책, 표준 확인
- 기록물 처리일정 및 법령, 규정, 성책, 표순들에 명시된 레코드키핑 관련 사항 병합
- 시스템 및 기록물에 대한 접근제한 등의 보안대책 명시
- 기록물의 생산 및 이용내력을 제시해주는 감사추적 기능 도입
- 데이터의 입력, 업데이트, 삭제 및 보고서 생산 등 시스템 입출력상에서 생성되는 종이 출력물 통제
- 현행 업무 및 기타 활용 목적과 관련된 기록물의 가치기준 결정
- 기록물의 생산 및 포착과 관련된 책임성의 할당

[연습 10]

시스템의 구식화는 전자기록물에 어떠한 영향을 미치는가? 이에 따른 기술적 문제 및 관리상의 문제는 무엇이라 할 수 있는가? 소속 부서에는 구 컴퓨터디스켓 내지 테이프를 지니고 있는가? 만약 보유하고 있다면 이들의 판독은 가능한가? 판독이 불가능하다면 그 이유는 무엇인가?

---

3. 표준의 중요성

표준화는 전자기록관리상의 핵심적 부분이라 할 수 있다. 최근까지도 항구적인 보존가치를 지닌 영구기록물을 보유하지 않고 있는 전산시스템을 쉽게 찾아볼 수 있다. 이들 시스템 내에는 데이터는 있을지언정, 데이터의 구조 및 생산맥락은 유지되지 않아왔다. 하지만 여러 조직들에서는 서서히 종이를 대체할, 레코드키핑시스템을 근간으로 하는 전산시스템을 도입하고 있는 중이다. 이러한 점을 감안할 때, 전산시스템 내의 정보를 장기적으로 보존·활용시키는데 적합한 정보기술 표준의 수립 및 적용은 현행 전자기록관리의 최우선 과제가운데 하나라 할 수 있다.

> 표준화는 효율적인 전자기록관리의 기본 토대를 제공한다.

표준화는 기술의 변화에 수반되는 비용의 투입을 절감시켜주는 데에도 중요한 역할을 담당하게 된다. 이를 감안할 때 기록관리전문가는 급속한 기술의 노후화에 따라 일어날 수 있는 미래의 하드웨어 및 소프트웨어 사양화에 대한 예방책으로써, 각종 IT 관련 표준 채택의 중요성을 인식할 수 있도록 독려할 필요가 있다고 할 수 있다.

표준이란 인증된 표준화기구에서 승인했거나, 또는 산업분야에서 '사실상의'(de facto) 표준으로 받아들여지고 있는 기준을 말한다. Window NT 운영시스템은 컴퓨터분야에서 사용되는 표준의 실례라 할 수 있다. 또한 프로그래밍 언어, 운영시스템, 데이터형식 및 통신프로토콜 부문 역시 다양한 표준들이 존재하고 있다.

0과 1의 비트 스트림(bit stream)으로 운용되는 기기들은 이러한 비트를 일관된 방식으로 정리, 분류, 해독하는 특정 규칙을 필요로 한다. 대부분의 디지털 기기들은 이를 수행할 수 있는 기능을 지니고 있으며, 이를 기반으로 이미지는 의도한 바대로 표현되고 문자는 가독할 수 있도록 정확하게 표시되게 된다. 하지만 호환성이 없는 서로 상이한 기기 내지 소프트웨어를 사용할 경우 문제가 발생하게 되며, 또한 신규 시스템 내지 상이한 저장매체로 정보를 마이그레이션시킬 경우에도 유사한 문제가 생겨나게 된다.

> **마이그레이션(Migration)** : 전산방식을 통해 행해지는, 하나의 하드웨어 내지 소프트웨어 환경으로부터 또 다른 환경으로의 데이터 이전행위

특정 기기에서 생성된 정보는 표준화되어야만 다른 기기에서도 가독될 수 있다. 이를 위해서는 아래와 같은 세 가지 조건들이 충족되어야 한다.

1. 양 기기는 비트를 해독하는 동일 표준을 사용해야 한다.
2. 하나의 기기는 또 다른 기기에서 사용되는 표준을 수용할 수 있어야 한다.
3. 두 기기 사이의 비호환 메시지를 전환시킬 수 있는 번역기능이 장착되어야 한다.

이러한 조건이 충족되지 못할 경우 두 기기 사이의 정보교환은 불가능하게 된다. 여기서 표준은 비트(bit)와 바이트(byte)로 행해지는 정확한 의미 배당을 통해 정보의 교환을 가능케 해주는 도구라 할 수 있다. 표준은 일관되면서도 명료성을 확보해야만 그 유용성을 제고시킬 수 있음은 두말할 필요도 없다.

기록관리전문가는 다음과 같은 업무 등을 통해 각종 IT관련 표준들을 대면하게 된다.

- 소속 기록관리기관에서 운용되는 전산시스템의 규격 및 기능 선정
- 전산시스템의 개발단계 참여
- 데이터의 교환을 위한 외부 네트워크망 구축 업무

IT 관련 표준들을 접하게 되는 상황이 무엇이든 간에, 기록관리전문가들은 이들 표준에 대한 기본적 소양을 갖추어야 한다.

다양한 유형의 전자기록물을 시스템간 자유롭게 유통시키기 위해서는, 국내 혹은 국제적으로 인증된 관련 표준들을 받아들일 필요가 있다. 아울러 이러한 표준들은 전자기록물의 보존 및 활용성을 제고시킬 수 있어야 할 것이다.

하지만 사용되는 포맷을 제한시키게 되는 몇몇 요소들이 존재한다. 이는 아래와 같은 이유들에서 연유한다고 볼 수 있다.

- 사유포맷(proprietary format) 및 사유어플리케이션(proprietary application) 사용 제한
- 관리상 마이그레이션 경로(migration paths)의 수를 최소화시키기 위한 포맷의 수 제한(제5과의 '마이그레이션 전략' 부문의 논의 참조)
- 조직의 IT 운용환경에 부합하는 전송포맷의 선정
- IT 인프라의 일상적 운용과 관련된 매개정도(degree of intervention)의 최소화
- 향후 신규 기술의 도입에 장애가 되지 않는 포맷의 선정

> **사유포맷(Proprietary format)** : 사적으로 소유되고 통제되는 컴퓨터 포맷(예: 미국 코닥사의 Kodak Photo CD)
>
> **공개포맷(Open format)** : 특정 회사에 의해 소유되지 않고, 활용 및 교환이 자유로운 컴퓨터 포맷

대개의 기록관리 프로그램들에서는 표준의 사용을 의무화하는 규정을 마련하고 있지 않으며, 관련 조직들 또한 소프트웨어 선정시 데이터의 마이그레이션 및 장기보존 대책을 신중히 고려하지 않고 있다. 이에 반해 정보시스템 개발자 및 IT 관련 실무자들은, 단일 조직범위 내에서 조차도 표준은 정보관리상의 필수불가결한 요소라는 사실을 여실히 인식하고 있다.

> 기록관리자들은 표준 수립을 위해 IT전문가 및 정보관리
> 담당자들과 긴밀한 협력관계를 형성해야 할 필요가 있다.

기록관리전문가들은 표준 수립을 위해 IT 전문가 및 정보관리 담당자들과 긴밀한 협조관계를 형성해야 할 필요가 있다. 이를 통해 수립된 표준들을 바탕으로 데이터 및 각종 정보의 호환성을 원천적으로 확보할 뿐만 아니라, 이러한 표준들에 부합하는 하드웨어, 소프트웨어 등을 각 기관의 사정에 맞게 선정할 수 있도록 해야 할 것이다. 또한 표준의 수립에 앞서, 세심한 검토를 통해 향후 선택할 표준의 수 역시 일정 범위내로 제한할 필요가 있다. 너무 많은 수의 표준 선정은 혼돈만을 가져오기 쉽기 때문이다.

레코드키핑상에서 이를 행할 수 있는 하나의 방편은, 도표 4의 사례처럼 각 기록물 유형에 적합한 적정 표준들을 리스트화해 보는 것이다.

데이터 및 문서 유형별 적정 표준의 선정은 기록물의 이관 및 관리, 그리고 시간의 경과에 따른 마이그레이션 계획을 수립할 수 있도록 해준다. 물론 도표 4에 제시된 것들 이외에도 선정시 숙고해야 할 보다 많은 표준들이 존재한다. 본 과의 말미에 첨부된 도표 5에서는 전자레코드키핑과 관련된 다양한 표준들을 제시하였다. 지면 관계상 각각의 표준들에 대한 개략적 설명만을 첨부시킨 점을 양해해 주기 바란다.

표준 선정시 기록관리전문가가 직면하게 되는 어려움 중의 하나는, 각각의 기록물 유형 내에도 다양한 표준들이 존재한다는 점이다(도표 5 참조). 현재 전세계의 국립기록보존소들은 각 표준들의 기술적 문제 및 각국의 채택 동향을 주시하며 표준을 선정하고 있는 중이다. 이러한 선정 작업은 고도의 기술적 전문성을 요구하는 관계상, 대개 각국 국립전산관리기관 소속 정보기술전문가와의 협력관계 속에서 행해지게 된다. 가장 보편적으로 광범위하게 사용되는 표준이라고 해서 모든 기관에 적합하다고는 말할 수 없다. 수많은 기록관리기관에서 서로 다른 표준을 사용하고 있는 현실이 이를 반증해준다. 이러한 점을 감안해 볼 때, 기록관리전문가는 타국 및 타기관의 선행 경험을 신중히 숙고해야 할 필요가 있다.

기록관리전문가는 기록관리 업무에 직간접적으로 영향을 미치게 되는 수많은 표준들 속에서 헤매기 쉽다. 더욱이 대부분의 표준들은 기록관리 외부 영역에서 개발된 것들이다. 이것은 곧 기록관리전문가들은 기술적으로 도전받는 미지의 세계 속에서 자신들의 업무를 수행해야 함을 의미하는 것이다. 표준은 기록물 및 그 관련 정보가 포착, 처리되는 모든 절차에 적용된다. 이를 감안할 때 향후 기록관리전문가로서의 책무를 완수하기 위해서는, 광범위한 범주의 각종 표준들에 대한 보다 풍부한 지식을 배양할 필요가 있다고 할 수 있다.

> *기록관리전문가는 전자기록관리에 대한 선진 경험 및 정보관리,*
> *정보기술 분야의 새로운 지식들을 섭렵해야 할 필요가 있다.*

[연습 11]

　전자기록관리에서 정보기술 분야의 표준 활용이 중요시 되는 이유 및 이러한 표준의 활용이 가져다주는 이점을 무엇인가? 소속기관에서는 정보기술 분야의 어떠한 표준들을 활용하고 있으며, 이들 표준의 선정은 누가 담당하고 있는가? 소속 기관의 레코드키핑을 위한 정보기술 분야 표준 선정시 누구와 협력하고 있는가?

　도표 5에 제시된 '저장매체' 관련 표준 가운데 소속기관에서 사용되는 표준을 찾아보고, 이들과 연관있는 국제표준을 확인토록 하자.

　또한 도표 5에 제시된 '기록물기술/정보검색' 관련 표준 가운데 소속기관에서 사용 중에 있는 표준을 확인한 후, 그러한 표준을 사용하게 된 이유를 서술해 보도록 하자.

데이터 유형	권장 표준	간략 설명
문자집합 (Character set)	ISO/IEC 8859-1 (ISO : 국제표준화기구)	서유럽 국가들에서는 Unicode(ISO/IEC 10646) 역시 사용
구조화 텍스트 (Structured text)	SGML	
비트맵 그래픽 (Bitmap graphic)	JPEG	
팩스	ITU-T Group 3 (ITU : 국제통신연합)	
백터 그래픽 (Vector graphics)	CGM	
오디오/비디오	MPEG II	
캐드(CAD)/캠(CAM)	STEP	
회계/송장	EDIFACT	
기타 데이터베이스 파일	단층파일(Flat file), 콤마 세퍼레이터 (Comma separator)	표준화된 데이터베이스 포맷은 아직 존재하지 않는다. 만약 데이터베이스의 구조가 완벽히 문서화되었을 경우, 단층파일은 장기보존을 가능케 해준다.
암호화 파일 프로그램	RSA (PC 호환 버전)	컴파일 프로그램(compiled program)을 위한 표 준은 아직 나와 있지 않다. 독립적 플랫폼인 자바 바이트코드(Java byte code)는 자바 응용프 로그램상의 장기보존을 가능케 해준다.
장기보존 매체	DVD	DVD는 비교적 최근에 개발된 새로운 매체로, 조만간 광범위하게 사용될 것으로 예측된다. 대용량의 저장능력 및 간편한 사용법을 감안 할 때, DVD는 영구보존을 위한 매체로서 큰 장점을 지닌다고 볼 수 있으며, 일부 기관에서 는 이미 영구보존 매체로 사용 중에 있다. 향 후 장기보존을 위한 매체로 추천할 만하다.

도표 4 : 데이터 유형에 따른 각종 표준

자료 : DLM-Forum on Electronic Records, *Guidelines on Best Practices for Using Electronic Information: How to Deal with Machine-readable Data and Electronic Documents*(증보개정판), Luxembourg: Office for Official Publications of the European Communities, 1997로부터 인용.

명칭	국제표준	유럽표준	비고	간략 설명
저장매체(Storage Media)				
1/2인치 테이프 카트리지	ISO 8462-1			9트랙 릴 형태로, 테이프 자체는 비교적 저렴하지만 테이프 드라이브는 고가인 편이다.
3 $\frac{1}{2}$인치 플로피디스크	ISO/IEC 9529-1 ISO/IEC 9529-2	EN 29529-1 EN 29529-2		저장용량 400K~1.4MB. PC에 가장 일반적으로 사용되는 사이즈는 720K(배밀도; double-density)와 1.44MB(고밀도; high-density)이다. 매킨토시에서는 400K, 800K 및 1.2MB 디스크가 사용된다.
CD-ROM	ISO 9660 ISO 10149			'Compact Disc Read-Only-Memory'의 약칭. 광디스크의 일종으로, 보통 650MB 사이즈가 일반적으로 사용되며, 최대 1GB에 이르는 방대한 저장용량을 지니고 있다. 하나의 CD-ROM 저장용량은 플로피디스크 700장과 맞먹는다.
DAT 카트리지				'Digital Audio Tape'의 약어. 나선형 스캔(helical scan)이라 불리는 구조를 사용하는 마그네테이프의 일종. DAT 카트리지는 가로 세로가 신용카드보다 약간 크며, 2~24GB의 데이터를 저장할 수 있는 마그네테이프가 포함되어 있다. 약 2Mbps의 전송 속도를 지원하며, 여타 테이프 유형과 마찬가지로, 순차접근(sequential-access) 방식을 취한다.
DVD	준비중			'Digital Versatile Disk' 내지 'Digital Vidio Disk'의 약어. 최소 4.7GB를 저장할 수 있는 CD-ROM의 새로운 형태로, 한장의 DVD에는 한편의 영화 저장이 가능하다. DVD-ROM이라 불리는 DVD 디스크는 CD-ROM을 비롯하여 VHS 비디오카세트, 레이저디스크를 사라지게 할 것이라고 전문가들은 예측하고 있다. DVD는 4.7GB~17GB에 이르는 저장용량을 지니고 있으며, 접속률(access rate)은 600KBps~1.3MBps에 달한다. DVD는 CD-ROM을 한차원 발전시킨 저장매체라 할 수 있다.

도표 5 : 레코드키핑 관련 각종 정보기술 표준

명칭	국제표준	유럽표준	비고	간략 설명
저장매체(Storage Media)				
WORM	WORM 디스크와 관련된 단일 표준은 존재하지 않는다. WORM 디스크는 내용을 쓸 수 있는 드라이브에 의해서만 그 판독 또한 가능하기 때문이다.			'Write Once Read Many'의 약칭. 단지 한번만 데이터를 입력할 수 있는 광디스크의 일종. 임데데이터의 수정은 불가능하며, 반복적으로 읽을 수만 있다.
Photo CD	미국 코닥사가 특허권을 보유한 사유표준 (proprietary standard)			Photo CD는 연속 톤(continuous-ton) 필름으로 포착되는 고해상도 디지털 컬러이미지를, CD-ROM 디스크에 디지털 신호로 저장하기 위해 코닥사가 개발한 것이다.
비트맵 그래픽(Bit-mapped graphics)[1] 및 벡터 그래픽(vector graphics)[2]				
CAD Graphic				'Computer-Aided Design'의 약칭. 엔지니어 및 건축설계사는 이를 통해 가구로부터 비행기에 이르기까지 모든 것을 디자인할 수 있다.
CGM Graphic	ISO/IEC 8632: 1992			'Computer Graphics Metafile'의 약칭으로, 여러 표준화단체들이 연합하여 고안하고 ANSI[3]가 승인한 파일 포맷이 일종이다. CGM 그래픽은 표준화된 벡터 그래픽 파일 포맷을 위해 개발된 것으로, 다양한 소프트웨어 및 하드웨어에서 운용이 가능하다.

도표 5 : 베터드로기핑 관련 각종 정보기술 표준(계속)

1) 비트맵 그래픽은 그래픽 이미지를 비트맵 형태로 표현하는 방식이다. 비트맵은 도트(dot), 열 및 컬럼 그리고 컴퓨터 메모리상의 그래픽 이미지의 구성된 표현형식이다. 비트맵 그래픽은 래스터 그래픽(raster graphics)으로 불리기도 한다.

2) 매체지향 그래픽(object-oriented graphics)이라고도 불리는 벡터 그래픽은 이미지상의 모든 형체를 수학적 공식을 통해 표현한 것이다. 베타 그래픽은 이미지의 크기를 비율지라도 선명도에는 변함이 없는 반면, 비트맵 이미지은 이미지를 확대하거나 축소할시 선명도가 변하하게 된다. 이러한 관계상 벡터 그래픽은 비트맵 그래픽에 비해 더 수정 내지 변경이 용이하다고 할 수 있다.

3) 'American National Standards Institute'의 약칭. ANSI는 1918년에 설립된 자발적 협회로, 컴퓨터산업 분야의 표준을 개발하는 약 1,300개 단체를 회원으로 확보하고 있다.

명칭	국제표준	유럽표준	비고	간략 설명
비트맵 그래픽(Bit-mapped graphics) 및 벡터 그래픽(vector graphics)				
GIF Graphic			CompuServe사에서 개발한 것으로 일반 사용자들에게 제한적 사용권을 무료로 제공한다.	'Graphics Interchange Format'의 약칭으로, CompuServe사를 비롯하여 월드와이드 웹(WWW) 및 기타 온라인 게시판에서 사용되는 비트맵 그래픽 파일 포맷의 일종이다. 여기에는 스캔된 사진을 효율적으로 관리할 수 있는 데이터 압축기능이 탑재되어 있다.
GKS	ISO/IEC 7942			'Graphical Kernel System'의 약칭. 도형해석시스템이라 지칭되는 GKS는 2차원 도형의 표현 및 저장·전송을 위한, 하드웨어, 언어 및 기타 입출력장치가 결합된 인터페이스이다.
Group III FAX	ITU-T group III			전화통신망상에서 팩스문서를 전송하기 위한, CCITT[4]에 의해 정의된 범용 프로토콜
Group IV FAX	ITU-T group IV			ISDN 네트워크망을 통해 팩스문서를 전송하기 위한 프로토콜
JPEG Graphic	ISO/IEC 10918 ISO/IEC DIS 14495-1			'Joint Photographic Experts Group'의 약칭. 그래픽 파일을 원래 크기의 약 5% 수준까지 압축할 수 있지만, 세밀한 정보 중 일부는 압축시 훼손될 수 있다.

도표 5 : 레코드그래핑 관련 각종 정보기술 표준(계속)

4) 현재에는 ITU로 지칭.

명칭	국제표준	유럽표준	비고	간략 설명
비트맵 그래픽(Bit-mapped graphics) 및 벡터 그래픽(vector graphics)				
MPEG-1 Video	ISO/IEC 11172: 1993			ISO의 후원을 받는 동영상전문가 그룹인 'Moving Picture Experts Group'이 약칭. MPEG에서는 디지털비디오 압축표준 및 관련 파일 포맷을 제정한다. MPEG-1 표준은 30fps에서 352×240의 비디오 해상도를 지원하며, 기존의 VCR보다 약간 낮은 수준의 품질을 제공하게 된다.
MPEG-2 Video	ISO/IEC 13818: 1995			MPEG-2는 CD급 오디오인 60fps 환경에서 720×480 및 1280×720의 해상도를 지원하며, NTSC 및 GDTV 등 주요 TV표준으로 활용되고 있다. MPEG-2는 보통 DVD-ROM을 통해 사용되며, 2시간 분량의 비디오를 수 기가바이트로 압축할 수 있다.
MPEG-4 Video	ISO/IEC DIC 14496-1 (가안)			MPEG-2의 고압축 버전
TIFF Graphic	Aldus사(현재에는 Adober사 소유) 및 Microsoft사가 공동 개발한 사유포맷(propritary format)			'Tagged Image File Format'의 약칭. PC상에서 비트맵 이미지를 저장하는데 가장 널리 사용되는 파일 포맷중의 하나로, 파일 이름에는 'tif'라는 확장자명이 붙게 된다.

도표 5 : 레코드키핑 관련 각종 정보기술 표준(계속)

문자집합(Character Sets)[5]

명칭	국제표준	유럽표준	비고	간략 설명
ASCII			ANSI X3.4-1968	기본 ASCII 문자집합은 7비트의 2진수로 표현되며, 총 128개의 문자 (0~127에 이르는 숫자를 부여해 영어 알파벳 및 특수문자를 나타내는 방식)로 구성되어 있다.
EBCDIC	IBM사가 개발한 사유표준(proprietary standard)			'Extended Binary-Coded Decimal Interchange Code'의 약칭. EBCDIC는 숫자를 통해 문자를 나타내는, IBM사가 개발한 코드체계이다. EBCDIC는 대형 IBM컴퓨터에서 주로 사용되는 반면, 기타 대부분의 컴퓨터(일반 PC 및 매킨토시)에서는 ASCII가 사용되고 있다.
확장 ASCII	ISO/IEC 8859-1			확장 ASCII는 8비트를 사용하며, ASCII의 128개 문자외는 별도로, 외국어 및 특수기호 등 128개의 추가 문자표현이 가능하다.
ISO 7-bit	ISO/IEC 646			ASCII의 국제 버전
ISO 8-bit	ISO/IEC 4873	BS 6006		국제적인 정보교환을 위한 8비트 코드
ISO Latin 1	ISO/IEC 8859-1			ISO에서 개발한 표준 문자집합으로, ASCII의 상위 문자집합이라 할 수 있다. 월드와이드 웹상에서 사용되는 HTTP 및 HTML은 ISO Latin 1에 기반을 둔 것이다. 따라서 웹페이지에서나 비 ASCII문자를 표현하기 위해서는 이에 부응하는 ISO Latin 1 코드를 사용해야 한다.

도표 5 : 메타데이팅 관련 각종 정보기술 표준(계속)

5) 문자집합은 컴퓨터 하드웨어 및 소프트웨어상으로 인식할 수 있는 특정 문자들의 리스트를 말한다.

명칭	국제표준	유럽표준	비고	간략 설명
문자집합(Character Sets)				
Unicode	ISO 10646-1			정수(整數)值을 통해 문자를 표현하기 위한 표준. 8비트를 사용하는 ASCII와는 달리, Unicode는 16비트를 사용함으로써 65,000개 이상의 개별문자 표현이 가능하며, 또한 그리스어, 중국어, 일본어 등 세계 주요 언어 역시 처리할 수 있다. 소프트웨어 산업의 글로벌화 경향이 점차 증가하는 추세에 발맞추어, Unicode는 ASCII를 대신하여 문자코딩 표준으로 자리하게 될 것이라고 대부분의 전문가들은 예측하고 있다.
구조화 텍스트(Structured Text) / 문서교환 표준(Document Interchange Standards)				
DSSSL	ISO/IEC 10179: 1996			'Document Style Semantics and Specification Language'의 약칭. DSSSL은 SGML로 작성된 문서상의 각종 요소들을 다른 방식으로 변환, 처리하는데 사용되는 언어라 할 수 있다(가령, 표준화된 환경하에서 SGML로 작성된 문서는 DSSSL을 통해 다양한 방식으로 리포맷될 수 있다).
FTP			IETF RFC 542; RFC 2389; RFC 2428	'File Transfer Protocol'의 약칭으로, 인터넷상의 파일 전송을 위해 사용되는 프로토콜의 일종이다.
HTML	ISO/IEC FCD 15445 (ISO HTML)		RFC 1866 (HTML 2.0)	'HyperText Markup Language'의 약칭으로, 월드와이드 웹상에서의 문서 생산을 위해 사용되는 언어이다. HTML은 SGML을 기반으로 하여 만들어졌다는 점에서 상호 유사성을 지니고 있다.

도표 5 : 레코드키핑 관련 각종 정보기술 표준(계속)

명칭	국제표준	유럽표준	비고	간략 설명
구조화 텍스트(Structured Text) / 문서교환 표준(Document Interchange Standards)				
HTTP			IETF RFC 1945/2616/2109/2295/2617	'HyperText Transfer Protocol'의 약정으로, 월드와이드 웹상에서 사용되는 기본 프로토콜이다. HTTP는 메시지를 생성·전송하는 방식과 함께, 다양한 명령에 대한 웹서버 및 브라우저의 처리사항들을 구정하고 있다.
HyTime	ISO/IEC 10744: 1997			'Hypermedia/Time-based Structuring Language'의 약정으로, 서로 상이한 메디들간의 관계를 기술해주는 SGML의 응용표준이라 할 수 있다. HyTime은 하이퍼텍스트 링크 및 타임 스케줄링에 대한 설명뿐만 아니라, 멀티미디어 및 하이퍼미디어 문서의 동시표현을 위한 표준화 방식을 제공해준다.
ODA/ODIF	ISO 8613 FOD 26	EN 41509 EN 41515		'Open Document Architecture and Interchange Format'의 약정으로, 업무 문서의 교환을 위한 표준이다. ODA는 업무 문서의 내용 및 두 개의 제층적 구조, 즉 논리구조(logical structure) 및 서식구조(layout structure)의 기본 요소들을 상세하게 구정하고 있다. 문서는 정형화 서식(서식구조, 처리서식는 리구조 내지 정형화 처리서식(양 서식의 교환) 방식으로 상호 교환되질 수 있다.
PDF	Adobe사에서 개발한 사유표준(proprietary Standard)			'Portable Document Format'의 약정으로, 사전 포맷된 페이지의 네트워크상 교환이 가능하다. PDF가 지닌 주요 특성으로는 핫링크(hotlink), 페이지 간 단 아이콘, 장별 윤곽 및 페이지 설명기능 등을 들 수 있다.

명칭	국제표준	유럽표준	비고	간략 설명
구조화 텍스트(Structured Text) / 문서교환 표준(Document Interchange Standards)				
PostScript	Adobe사가 개발한 사유표준(proprietary Standard)			PostScript는 강력한 그래픽 작성기능을 지닌 프로그래밍 언어이다. 또한 프로그래밍 특성을 지닌 페이지 기술언어이기도 하며, 디스플레이와 프린터의 출력을 통제하는 시스템으로서의 기능 역시 지니고 있다.
RTF	Microsoft사가 개발한 사유표준(proprietary Standard)			'Rich Text Format'의 약칭으로, MS워드에서 지원하는 기초 수준의 기능들을 ASCII 방식으로 표현하기 위한 세부 사항들을 구성하고 있다. 현재 RTF는 MS워드 파일을 서로 상이한 플랫폼간에 교환시킬 목적으로 개발되었던 것으로, 현재에는 워드프로세싱 시스템 사이에서 가장 일반적으로 사용되는 교환포맷으로 자리하고 있다.
SDIF	ISO/IEC 9069			
SGML	ISO/IEC 8879: 1986	EN 28879		'Standard Generalised Markup Language'의 약칭으로, 문서 각 요소의 조직화 및 태그에 관련된 표준이다. SGML은 어떠한 특정 문서양식을 지정하기 보다는 태그 관련 규칙을 구성해주며, 이러한 태그들은 다양한 방식을 통해 포맷요소로 변환된다. SGML은 빈번한 개정이나 다양한 형태의 출력을 필요로 하는 대규모 문서관리에 목적을 두었을 경우에 사용된다.

도표 5 : 레코드키핑 관련 각종 정보기술 표준(계속)

명칭	국제표준	유럽표준	비고	간략 설명
구조화 텍스트(Structured Text) / 문서교환 표준(Document Interchange Standards)				
SPDL	ISO/IEC 10180: 1995			'Standard Page Description Language'의 약칭으로, 출판 절차상의 모든 단계를 지원하는 표준 교환언어 수립을 위해 개발되었다. SGML은 작성 및 편집단계에서의 교환에 사용되는 언어를 제공하며, DSSSL은 문서의 구성 및 표현을 위한 요소들을 제공해준다. SPDL은 문서 스타일 및 레이아웃이 스크린, 종이, 필름 등에 다양한 방식으로 표현될 수 있도록 하는 언어를 제공해준다.
표준 DTD	ISO/IEC 12083			'Document Type Definition'의 약칭. 표준 DTD는 마크업 태그가 문서출력 응용프로그램상에서 식별되는 방식을 지정해주는, SGML 및 XML 문서와 연관된 파일의 일종이다.
TCP/IP			IETF RFC 791/ 793 / 1883	'Transmission Control Protocol/Internet Protocol'의 약칭. TCP/IP는 패킷교환방식 컴퓨터통신 네트워크 및 이러한 네트워크의 연계시스템상에서 신뢰할 수 있는 점대 점매(host-to-host) 프로토콜을 사용하기 위해 개발되었다.
TEI	ACH(Association for Computers and Humanities) 권장			'Text Encoding Initiative'의 약칭. TEI는 모든 종류의 전자정보 표현에 사용될 수 있는 SGML 태그유형의 표준을 제공하기 위해 만들어진, 전문 연구단체들간의 국제 협약이다.

도표 5 : 메코드키핑 관련 각종 정보기술 표준(계속)

명칭	국제표준	유럽표준	비고	간략 설명
구조화 텍스트(Structured Text) / 문서 교환 표준(Document Interchange Standards)				
UN/EDIFACT	ISO/IEC 9735: 1998	EN 29735		'United Nations Electronic Data Interchange for Administration, Commerce and Transport'의 약칭. UN/EDIFACT는 구조화된 데이터를 컴퓨터 정보시스템 간에 전자적 방식으로 교환시킬 수 있도록 하는, 국제적으로 승인된 표준 이자 디렉토리, 가이드라인이라 할 수 있다.
XML			W3C 및 IETF 에서 공인수립 중	'eXtensible Markup Language'의 약칭으로, W3C에서 개발 중에 있는 새로운 페이지 기술언어이다. XML은 SGML을 인터넷용으로 최적화시킨 것으로, 웹문서를 위해 특별히 고안된 것이다. XML이 웹 포맷규정으로서 HTML을 대체할지 여부는 향후 XML이 웹브라우저에서 지원될 수 있는지에 달려 있다고 할 수 있다. XML은 HTML의 링크기능보다는 달리, 다수의 문서에 대한 링크가 가능하다.
기술(Description) 및 정보검색				
EAD	미국 의회도서관 네트워크개발·마크표준실 (Network Development and MARC Standards Office)에 서 SAA와의 협력관계를 통해 관리			'Encoded Archival Description'의 약칭으로, 아카이브 및 도서관의 검색도구 기획, 개발, 관리를 바탕하여 코드화시키는 원리와 범주를 구성하고 있다. EAD는 기록물 유형 및 매체에 상관없이, 기록보존기관 전체의 전자적 등록부와 인벤토리를 수용할 수 있다.

도표 5 : 레코드키핑 관련 각종 정보기술 표준(계속)

명칭	국제표준	유럽표준	비고	간략 설명
기술(Description) 및 정보검색				
ISAAR			ICA	'International Standard Archival Authority Record for Corporate Bodies, Persons and Families'의 약칭. ISAAR은 전거기록 작성을 위한 일반 구격으로, 이름 바탕으로 단체·개인·가문 등 기록물의 생산자명을 기술하게 된다.
ISAD(G)			ICA	'International Standard Archival Description'의 약어. ISAD(G)는 기술체계중에 상관없이, 모든 기록물 단위에 적용할 수 있는 기록물 기술상의 일반 구격이다.
Z39.58			ANSI/NISO Z39.508-1992	이 표준은 온라인상의 정보검색시스템 운영을 위해 단어, 구문, 기능적 의미에 대한 19개의 명령어를 구성하고 있다. 이것은 곧 단일화된 명령어 사용을 통해 온라인 정보검색시스템 이용을 간소화시킨 것으로 이해할 수 있다.
데이터베이스 조회(Database Query)				
SQL	ISO/IEC 9075			'Structured Query Language'의 약칭으로, 데이터베이스로부터 정보를 조회하기 위한 표준화된 질의어(query language)6)라 할 수 있다.

도표 5 : 메로드기평 관련 각종 정보기술 표준(계속)

---

6) 질의어는 데이터베이스로부터 정보를 조회하는데 사용되는 특수언어이다. 가령 [SELECT ALL WHERE age > 30 AND name = "Smith"]라는 질의어는 30세 이상의 'Smith'란 성을 지닌 필드의 모든 기록물을 조회하게 된다.

도표 5 : 레코드키핑 관련 각종 정보기술 표준(계속)

명칭	국제표준	유럽표준	비고	간략 설명
데이터베이스 조회(Database Query)				
ISAM				'Indexed Sequential Access Method'의 약칭으로, 하드디스크에 저장된 기록물 및 파일 검색을 관리하는 방식의 하나이다. ISAM은 데이터를 블록단위로 나누어 순차적으로 수록한 후, 색인을 통해 해당 기록물에 대한 직접적인 접근을 가능케 해준다.
암호화(Encryption)[8] 알고리즘(Algorithms)[9]				
DAS	ISO 8273			
DES			ANSI X 3.92	'Data Encryption Standard'의 약칭으로, 1975년 개발된 대칭키 암호화(symmetric-key encrytion) 방식의 일종이다. 1981년 ANSI에 의해 표준화된 DES는 56비트키(56-bit key)[10]를 사용한다. BXA(US Bureau of Export Administration)에서는 적대 국가에서의 DES 사용을 방지하기 위해 DES 관련 소프트웨어의 해외 수출을 금지하고 있다.

7) 순차적 접근(sequential access)이란 미리 정해진 순차적 순서대로 데이터를 읽고 쓰는 방식을 말한다. 가령 '10'이라는 기록물을 읽기 위해서는 우선적으로 1~9까지의 기록물을 읽어야만 된다. 순차적 접근은 불특정 정보로 기록물을 읽고 쓸 수 있는 임의접근(random access)과 상이하다고 할 수 있다.

8) 암호화는 데이터를 비밀코드 형태로 변환하는 것을 말한다. 암호화된 파일을 읽기 위해서는 이를 해독하는데 필요한 패스워드 내지 비밀번호를 지녀야만 한다. 비암호화 데이터는 평문(plain text)으로 불리는 반면, 암호화 데이터는 암호문(cipher text)이라 부른다. 암호화에는 공개키 암호작성(public-key cryptography)과 대칭키 암호작성(symmetric-key cryptography)이라는 두 가지 형태가 있다. 공개키 암호작성은 메시지를 암호화시키는 공개키(public key)와 이를 해독하는 개인키(private key)라는 두 개의 키를 사용한다. 공개키 암호화 방식으로 메시지를 전달하며, 암호를 해독할 수 있는 개인키는 이전되지 않는다. 대칭키 암호작성 방식에서는 수신자 및 발신자 모두 암호화 및 이의 해독이 가능한 단일의 공동키를 공유하게 되지만, 양 당사자는 공동키를 비밀리에 교환해야만 하는 단점이 있다.

9) 알고리즘은 특정 문제를 해결하는 공식 내지 절차를 얻어내는 것으로, 이를 형성시키기 위해서는 명확한 규칙과 더불어 산출물을 지녀야 해야 한다. 알고리즘은 거의 모든 일상생활 가운데 사용되는데, 예를 들어 케이크를 만드는 방식 역시 하나의 알고리즘이라 할 수 있다. 대부분의 컴퓨터 프로그램

제2과 전자레코드키핑시스템

59

명칭	국제 표준	유럽 표준	비고	간략 설명
암호화 알고리즘(Encryption Algorithms)				
DSS/DSA			US Dept. of Commerce & NIST FIPS PUB 186	'Digital Signature Standard/Digital Signature Algorithm'의 약칭으로, 전자서 명의 생성에 사용된다. 전자서명은 데이터의 불법적 변조 내지 수정을 방지함과 더불어, 서명자의 신원을 인증하기 위해 사용된다.
PKCS	ISO/IEC 11770-1: 1996			'Public Key Cryptography Standards'의 약칭. PKCS는 특정 알고리즘과 더 불어 알고리즘 독립실행 표준을 포함하고 있다.
RSA	RSA는 산업용 암호화, 특히 인터넷을 통한 비 이터 발송 영역에서 사 실상의 표준(de facto standard)11)으로 받아들 여지고 있다.			RSA는 RSA Data Security에서서 개발한 공개키 암호화 기술로 개발자 3명 의 성을 빌린 'Rivest, Shamir, Adelman'의 약어이다. RSA 알고리즘은, 매 우 큰 숫자들을 쉽게 인수분해할 수 있는 효율적 방식은 있을 수 없다 는 사실에 기반을 둔 것으로, RSA키를 주론하기 위해서는 막대한 컴퓨 터 처리능력 및 시간을 필요로 하게 된다.

도표 5 : 레코드키핑 관련 각종 정보기술 표준(계속)

<hr>

은 알고리즘으로 구성되어 있다.
10) 코드화 데이터를 해독하는데 필요한 패스워드
11) '사실상의 표준'이란, 표준화기구에 의해 승인되었거나 아니라, 산업 분야에서 잠정적으로 표준으로 인정되어 폭넓게 사용되고 있기 때문에 실질적인 표준으로 자리하게 된 포맷, 언어 내지 프로토콜을 말한다.

요약

본 과에서는 메인프레임 컴퓨터, 개인용 컴퓨터 및 컴퓨터 네트워크화에 이르는, 전자기록물의 생산과 관련된 주요 기술적 발전과정을 살펴보았다. 이와 아울러 전자기록물이 지닌 기록으로서의 특성을 분석하였으며, 데이터와 기록물 속성간의 차이 및 전자기록물의 다양한 유형에 대해서도 검토하였다.

본 과의 말미에서는 전자기록물 관리 영역에 관련된 다양한 국가표준 및 국제표준들을 도표화시켜 소개하였다.

학습과제

1. 메타데이터란 무엇인가?

2. 메타데이터의 다섯 가지 유형을 열거해 보자.

3. 메타데이터의 수집방식 두 가지를 설명해 보자.

4. 전자기록물 관리상의 주요 문제들은 무엇인가?

5. 표준이란 무엇인가?

6. 기록관리전문가는 어떠한 환경 하에서 IT 관련 표준을 조응하게 되는가?

7. 각 유형별 전자기록물을 위한 표준을 제약시키는 주요 요소들은 무엇인가?

연습 : 조언

연습 7-11

이번 모듈에서 제시하고 있는 모든 연습문제들은 소속 기관이 현재 당면하고 있는 전자기록관리상의 문제들을 본 모듈의 내용과 비교, 검토해 볼 수 있도록 한 것이다. 각 연습문제들을 나름대로 풀어본 후, 이번 모듈에 수록된 내용들과 비교, 검토해 보기를 권고한다.

전자기록관리상의 제문제

정부기관이건 민간단체건 조직체 내부에서 활동하는 모든 구성원들은 기록물을 보호해야 할 책임이 있다. 이는 전자기록관리체제를 수립하기 위한 근본 토대라 할 수 있다. 조직체 내 다양한 이해당사자들의 참여는 전자기록을 관리하는데 필요한 제반 사항을 충족시켜 주며, 이를 통해 중요 기록의 유실 또한 방지해 주게 된다. 나아가 전자기록관리가 조직체 내 하나의 문화로 뿌리내리게 함과 더불어 여기에 필요한 인적 물적 자원의 확보를 가능케 하여, 안정적인 전자기록관리 체제를 지속적으로 운영할 수 있게 해준다.

전자기록을 장기적으로 유지·보존하기 위해서는 전산시스템의 설계단계, 즉 기록물의 생산 이전단계에서부터 레코드키핑상의 기본 요건들을 반영시킬 필요가 있다. 하지만 현실에서는 전산시스템의 설계단계에 기록관리자가 배제되는 것이 일반적이다. 기록관리자는 신규 전산시스템의 설계시 전자기록을 관리하는데 필요한 기본 사항들을 반영시킬 필요가 있다. 또한 전자기록관리에 내재된 관리상의 주요 문제점들을 도출함과 아울러, 이를 바탕으로 고위관리층을 설득해 지원을 유도해야 한다.

이번 과는 전자기록관리상의 주요 문제점들을 제시하는 것으로 시작하려 한다. 이어 전자기록관리에 연관된 주요 이해당사자들을 검토한 다음, 마지막으로 전자기록관리 체제의 수립에 필요한 제반 사항들을 살펴보도록 하겠다.

I. 전자기록과 기록관리

> *레코드키핑은 보다 복잡한 양상을 띄어가고 있다.*

업무전산화와 보조를 맞추어, 레코드키핑 역시 과거 종이기록 환경에 비해 보다 복잡한 양상을 띄어가고 있다. 대부분의 전산시스템에는 다양한 유형의 정보들이 혼재되어 있다. 이것은 곧 전자적으로 저장된 정보의 향후 활용을 저해하는 요인으로 작용한다. 종이기록 환경에서 전자기록 환경으로의 변화시 염두에 두어야 할 기록관리상의 문제들을 다음과 같다.

- 전자기록의 수명은 전자기록을 생산한 전산시스템의 수명보다 길다. 따라서 전자기록을 장기적으로 관리할 수 있는 기술적 방안의 마련없이, 단순히 전자기록만을 보존하는 것은 위험한 발상이다.
- 정보를 전자적으로 관리한다는 것은 단지 기술적 문제만은 아니다. 여기에는 정책적 문제, 업무기능적 문제 및 교육·훈련 문제 역시 포함된다고 할 수 있다.
- 신뢰성있는 정보는 책임성의 근간이 된다.
- 모든 이해당사자들간의 협력관계는 통합시스템의 성공적 운영을 위한 근본 토대라 할 수 있다.
- 종이기록을 생산하기 위해 컴퓨터를 사용하는 것과 공식기록을 전자적으로 생산하기 위해 컴퓨터를 사용하는 것 간에는 엄격한 차이가 존재한다.
- 저장매체는 쉽게 손상될 뿐만 아니라 시간의 흐름과 함께 변화한다.
- 전자기록의 향후 이해성을 담보하기 위해서는 생산맥락 및 구조 정보를 포착·관리해야 한다.
- 기술상의 변화는, 불과 10년 전에 생산된 기록물이 오늘날에는 활용될 수 없음을 의미한다. 따라서 시간의 흐름에 따른 기술의 변화와 함께 전자기록은 마이그레이션되어야 하지만, 여기에는 막대한 경비지출이 수반된다.
- 전자기록의 무결성 유지를 위한 책임을 할당해야 한다.

전자기록의 장기적 활용성 내지 접근성은 아직 존재치 않는, 향후 개발되어야 할 기술력에 의해 좌우된다. 이를 감안한다면 전자기록관리에는 분명 미지의 위험요소들이 어딘가에 도사리고 있다고 할 수 있다.

업무 전산화 vs 전자기록관리

대부분의 조직들은 자동화가 가져오는 효율성 추구를 위해 업무처리의 전산화를 추진하고 있다. 고위관리층은 (1) 컴퓨터를 이용하여 업무를 처리하면서 처리 결과를 종이에 출력하여 관리하는 것과, (2) 전자적 형태로 생산해 관리하는 것 사이에는 중대한 차이가 존재한다는 사실을 이해해야 할 필요가 있다. 어떤 각도에서 보면 양자 사이의 차이는 그리 크게 보이지 않을 수도 있다. 하지만 장기적 안목에서 볼 때 전자기록관리는 다양한 위험요소들이 내재되어 있으며, 또한 여기에 소요되는 비용 역시 그리 만만치 않다.

> *전자기록관리에는 다양한 위험요소들이 내재되어 있다.*

장기적으로 활용될 가치가 있는 의사결정 내지 업무처리 관련 기록물을 전자적 형태로 관리하는 것은 매우 위험하다. 전자적으로 생산된 정보의 활용성을 유지하는 데에는 다음과 같은 문제들이 뒤따르게 된다.

- 기록의 유지 : 전자기록은 자신들을 생산한 컴퓨터 환경에 전적으로 의존하게 된다.
- 접근 및 활용 : 대부분의 전산시스템은 패스워드 통제 내지 감사추적(Audit Trail) 기능을 지니지만, 이러한 제어장치 역시 한계가 있다.
- 변조 통제 : 전자기록은 손쉽게 변경하거나 수정할 수 있으며, 이러한 변화상 역시 쉽게 드러나지 않는다.

이하에서는, 시간의 경과와 함께 전자기록의 관리에 영향을 미치는 몇 가지 요소들을 살펴보도록 하겠다.

고비용

전자기록이 10년 이상 보존되어야 할 경우, 기술적 노후화는 첨예한 문제로 떠오르게 된다. 전자기록의 생산 및 유지에는 종이기록에 비해 고비용이 소요된다. 전자기록은 종이기록에 비해 저장 공간을 크게 절감할 수 있기는 하지만, 그 외에는 별다른 이점을 지니지 못한다. 전자기록을 관리하기 위해서는 컴퓨터 장비를 구입해야 할 뿐만 아니라 까다로운 환경통제를 실시해 주어야 하며, 또한 이를 운용하는 IT 전문가들에게 높은 연봉을 지급해야 하기 때문이다. 더욱이 향후 컴퓨터 기술이 어떻게 변화할지 쉽게 예측할 수 없기 때문에 전자기록관리상의 어려움은 더욱 가중된다.

증거의 보호

기록관리자는 업무의 모든 사항을 포괄적으로 문서화시킴과 더불어, 이를 법률적 목적 내지 감사상의 필요에 맞게 활용될 수 있도록 제반 조치를 취해야 한다.

감사에 관련된 기본 원리는 전자적 환경하에서도 변함없다. 광디스크 내지 마그네틱디스크에 저장된 전자적 정보들은 여전히 감사상의 증거로 사용되어야 한다. 전자기록이 재판상의 증거로 인정된 전례는 거의 없다. 전자기록을 재판상의 증거로 채택할 경우, 법원에서는 해당 기록의 신빙성을 판단하기에 앞서 IT 통제환경상의 완벽성을 검증해왔다.

만약 전자기록의 진본성 및 무결성에 의구심을 떨쳐버릴 만큼의 강력한 통제가 수행되지 않았다면, 해당 전자기록은 법률적 증거로서 인정되지 못할 것이다. 이러한 통제사항의 일부분은 종이에 기록된다. 이를 감안할 때 전자기록과 더불어, 통제사항을 문서화한 종이기록 역시 적절하게 관리되어야 할 필요가 있다고 할 수 있다.

전자정부와 전자기록관리

'전자정부'란 용어는 현재 전세계적으로 유행하고 있다. 각국의 정부에서는 공공업무의 처리와 더불어, 여기서 생산된 정보들의 저장 및 검색을 전자적으로 수행할 수 있는 시스템 개발에 박차를 가하고 있다. 전자정부의 궁극적 목표는 모든 기록을 전자적으로 생산·관리함으로써 종이없는 사무환경을 구현하는 것이다.

> 전자정부 하에서의 전자기록은 구조적이면서도
> 포괄적인 방식으로 관리되어야 한다.

만일 전자정부에서 전자기록을 체계적이면서도 포괄적인 방식으로 관리하지 않는다면, 정부기관에서는 다음과 같은 위험요소들이 발생하게 될 것이다.

- 통제 불가능한 기록물 및 문서, 데이터의 누적
- 기록물 및 문서, 데이터의 부주의한 유실
- 기록물 및 문서, 데이터에 대한 불법적 접근
- 시스템 로그(Log) 문서 및 메타데이터의 부재

이러한 위험요소들은 결국 전자정부에 다음과 같은 심각한 상황을 가져다 줄 것이다.

- 불법적인 전자기록의 대량 파괴
- 가치있는 중요 기록물의 유실
- 보안체계의 파괴
- 전자기록의 불법적인 변조 내지 삭제(증거의 유실)
- 공공업무의 기능 장애
- 불필요한 업무절차의 지연 내지 중단
- 공적 책임성의 결여
- 정보시스템 마비 내지 정보 접근의 불가능
- 컴퓨터 저장매체 구매에 따른 추가비용의 지출

전자기록을 체계적으로 관리한다면 이와 같은 상황들은 크게 완화될 것이다. 이를 감안한다면 전자기록관리는 전자정부 구현을 위한 필수적인 핵심과제라 할 수 있을 것이다.

[연습 12]

　모든 조직은 각기 나름대로의 관리상 우선순위를 가지고 있다. 각자의 조직에 전자기록이 미친 파장은 무엇인가? 이와 관련된 문제점들을 중요도에 따라 나열해 보도록 하자. 이번 과에서 논의된 사안들 외에, 전자기록관리와 연관된 기타 현안 및 위험요소들을 열거해 보도록 하자.

---

2. 이해당사자

이해당사자(Stakeholder) : 특정 조직의 운영 내지 재원, 사업에 대한 권한을 지니며, 그 사업 결과에 대해 책임을 지니는 개인, 단체 내지 조직체

이해당사자는 전자기록관리를 위한 정책 및 관리체제를 수립하고 이를 효율적으로 운영하는데 관련된 자들을 총칭한다. 또한 이해당사자 중의 일부는 효율적이면서도 체계적인 전자기록관리를 위한 총체적인 책임을 지니게 된다.

> *이해당사자들의 지원 및 협조는 신뢰성있는 전자기록관리시스템 구축을 위한 전제조건이라 할 수 있다.*

정부 영역에서 보자면, 세 가지 유형의 조직체들이 전자기록관리상의 주요 이해당사자로 등장하게 된다. 즉 기록보존소, 정부 부처, 그리고 감사원 등의 외부감사기관이 바로 그것이다. 기타 관공서 및 공무원들 역시 효율적인 전자기록관리를 위한 기본 토대이다. 이하에서는 전자기록과 관련된 다양한 이해당사자들에 대해 설명토록 하겠다.

이해당사자에 대한 보다 자세한 논의는 『업무시스템 분석』
(Analysing Business Systems)을 참조

일반시민

일반시민은 전자기록과 일정부분 관련을 맺고 있다. 특히 공공서비스의 전산화가 시행되고 있는 경우에는 더욱 그러하다. 예를 들어, 의료서비스의 전산화는 모든 시민들의 생활에 커다란 영향을 미친다. 일반시민들은 누구나 자신들의 의료기록이 정확하게 작성되고 필요시 언제라도 활용할 수 있으며, 또한 기록의 비밀이 유지되기를 원한다.

대부분의 국가에서는 일반시민의 전산화된 개인정보 오용을 방지하기 위해 개인정보보호법과 같은 법령장치를 마련하고 있다. 이처럼 일반시민의 생활 영역에서 전자기록관리는 매우 중요한 의미를 지닌다. 통상적으로 일반시민들은 아래와 같은 사항들에 깊은 관심을 지니게 된다.

- 개인정보를 포함하고 있는 공공기록은 불법적인 접근이나 공개, 부주의한 유실 내지 파기로부터 보호되어야 한다.
- 정부 기록에 대한 정보공개 청구 및 이용 권리를 지녀야 한다.
- 기록을 통해, 각자의 사생활 및 권리가 존중되어야 한다.
- 정확성 및 무결성을 지닌 공공기록을 통해 신뢰할 수 있는 정보를 얻을 수 있어야 한다.
- 역사적으로 중요한 기록물은 후대의 활용을 위해 항구적으로 보존되어야 한다.

선출직 공직자

일반시민을 대표해 정부를 감시하는 선출직 공직자 역시 전자기록관리상의 주요 이해당사자이다. 국회 내지 지자체 의회 등에 소속된 선출직 공직자들은 다음과 같은 사안을 위해 정부 기록을 필요로 하게 된다.

- 정부의 정책결정 및 그 수행내역에 대한 감시
- 정부 사업 및 대국민 서비스의 질적 수준과 더불어 시민의 권리 보호여부 감시

만일 선출직 공직자들이 스스로의 책무를 완수하려 한다면, 법령을 입안하고 국정을 감시하는 활동 속에서도 전자기록의 관리영역에 깊은 관심을 가져야 할 것이다.

정부기관

대부분의 정부 부처는 '정보 업무'에 파묻혀 있다고 할 수 있다. 거의 모든 정부사업 및 서비스들은 점차 전자적 형태로 창출되고 있는, 정보의 생산 및 교환·유통 속에서 행해지기 때문이다. 현재 정부의 각 부처들에서는 이러한 정보를 담고 있는 기록물의 정확성 및 완전성 유지와 더불어, 지속적 가치를 지닌 기록물의 관리에 지대한 관심을 보이고 있다.

> 정부기관에서는 전자기록으로 일상 업무를
> 처리하는 비중이 날로 증가하고 있다.

정부의 각 부처에서는 다음의 사항을 위해 기록물을 필요로 하게 된다.

- 정부 정책의 수립 및 결정, 수행
- 정책 결정 및 수행 내역에 대한 증거 확보
- 행정 수행의 연속성 및 투명성, 책임성 확보

또한 정부기관은 사회의 집합적 기억을 보호해야 할 책임을 지닌다. 정부기관에서 생산된 기록들은 시민의 권리를 수호해 줄 뿐만 아니라, 어떻게 시민들은 통치되었고 사회적 삶을 영위했는지에 대해 소상히 밝혀준다. 이러한 기록들이 전자적 형태로 존재할 경우 유실될 위험성은 더욱 높아지게 된다. 이로 인해 정부기관은 전자적 형태로 존재하는 기록물들을 각종 위험요소들로부터 보호하고 안전하게 보존해야 할 책임을 지니게 된다.

각 정부기관의 장 및 고위관료들은 전자기록물을 포함한 모든 기록물을 효율적으로 관리할 책임을 부여받게 된다. 이들이 전자기록물의 관리영역에서 책임지게 되는 사안은 다음과 같다.

- 기관내 체계적인 방식으로 기록물을 관리해야 하는 책임소재의 할당
- 모든 업무활동을 문서화시킴과 아울러 이의 결과로 산출된 기록물을 보호해야 하는

사명을 소속 직원들에게 부여

- 전자기록관리시스템을 기존의 기록관리시스템 및 정보자원관리시스템과 통합
- 전자기록관리 업무를 기관의 고유업무 속으로 융합

각 기관의 고위관리자들은 기록관리기관으로부터 스스로의 책임을 완수할 수 있는 방안에 대해 자문을 구해야 한다. 나아가 기관내 직원들로 하여금, 자신들의 기록관련 업무와 기록보존기관에서 수행하는 기록관리 업무간의 관계를 이해할 수 있도록 해야 할 것이다. 그리고 기관내 직원들은 효율적이고 체계적인 전자기록관리의 중요성을 인식해야 할 것이다.

국립기록보존소

국립기록보존소는 국가의 '집합적 기억'에 대한 보존 및 지속적인 접근성을 제공해야 할 책임을 지니고 있다. 물론 이러한 책임성은 매체에 상관없이 모든 공공기록물에 적용된다. 또한 국립기록보존소는 정부 부처의 기록물을 관리함으로써, 각 부처의 사업 수행을 지원해줄 뿐만 아니라 수행내역에 대한 책임성 역시 고취시켜 준다.

전자기록물은 라이프사이클의 최종 단계가 아닌, 레코드키핑시스템의 설계단계에서부터 국립기록보존소가 참여해야만 하도록 유도해왔다. 개념화단계(Conception Stage), 생산단계(Creation Stage), 유지단계(Maintenance Stage)라는 전자기록물의 라이프사이클 전단계에 걸친, 국립기록보존소와 생산기관의 협조체제는 이제 전자기록관리체제상의 필수 사항으로 자리하게 되었다.

> 기록보존기관은 전자기록물을 포함한 모든 유형의 기록물을 보존함과 아울러, 이들에 대한 지속적인 접근성을 유지해야 할 책임을 지닌다.

기록보존기관은 다음과 같은 사항을 수행함으로써 스스로의 책무를 완수하게 된다.

- 공공기록물과 연관된 사안에 대해 정부기관에 자문 제공
- 진본성 및 신뢰성을 지닌 기록물의 생산 및 장기적 보존을 촉진시킬 수 있는 관련 정책·절차·시스템·표준의 수립
- 진본성 및 신뢰성, 장기적 보존성을 지닌 기록물의 생산·관리를 달성토록 하는, 라이프사이클 전단계에 걸친 적극적인 관여

- 장기적 보존가치를 지닌 기록물의 포착·선별 및 이들에 대한 지적 통제 실시
- 장기보존기록물의 활용성, 접근성, 이해성을 확보토록 하는 체계적인 보존 및 접근절차 수립

기록관리담당자

기록관리담당자는 일선기관 기록관리 업무의 첨병 역할을 담당한다. 이들은 국립기록보존소에 소속된 공무원인 경우도, 아니면 일선기관에 소속되었지만 국립기록보존소의 지도 하에 있는 경우도 있다.

> *기록관리담당자는 각 기관의 일상적인 기록관리에*
> *대한 책임을 지닌다.*

기록관리담당자는 소속기관에서 발생하게 되는 레코드키핑상의 문제들을 파악하고, 관련 정책 및 표준, 지침 등의 적용을 통해 이를 해결하게 된다. 또한 이들은 기록보존소와 소속기관의 기록관리업무를 연계시키는 매개자 역할을 담당한다. 기록관리담당자가 수행하게 되는 임무는 다음과 같다.

- 기록관리를 위해 필요한 기관내 정책 및 절차 수립
- 전자기록물을 위한 기록관리 프로그램의 설계 및 운영, 관리
- 전자기록의 생산·획득·보존·접근에 필요한 레코드키핑 요건 정의
- 기록관리에 대한 소속기관 공무원의 책임의식 고취
- 전자기록물의 지속적 접근성 및 이해성을 유지시키기 위한 매체이전, 변환 등의 관리 조치 수행
- 관련 표준의 수립, 보존기간의 산정 등 전자기록관리를 위한 국립기록보존소와의 협력
- 국립기록보존소의 승인을 받은 기록물 처리일정의 시행
- 전자적 방식으로 저장, 활용되는 비밀 및 비공개기록물 보호방안 수립

공무원

일선기관의 공무원은 기록물 생산자임과 동시에, 자신들의 업무활동 전반이 기록물로 생산·획득되도록 하는 궁극적인 책임을 지닌다.

> *공무원들은 자신들의 업무활동 전반을 문서화시키는*
> *책임을 지니고 있다.*

공무원들은 다음과 같은 역할을 담당하게 된다.

- 스스로의 업무활동에 대한 '증거'를 기록물로 생산·유지
- 기록물의 가치를 결정하는데 기초가 되는, 자신들의 업무활동 및 여기서 산출된 기록물에 대한 정보 제공

정보기술관리자

정보기술관리자는 레코드키핑 기본 요건을 충족시킬 수 있는 전산시스템을 설계하고 운용하는 책임을 지니고 있다.

이들은 전자기록관리 영역에 정보기술력을 어떻게 활용할지를 자문해 줄 수 있는 기관내 전문가 그룹이다.

> *정보기술관리자는 시스템의 설계 및 운용에 관한 책임을 지닌다.*

정보기술관리자는 다음과 같은 역할을 수행한다.

- 레코드키핑 관련 각종 정책 및 요건들을 정보시스템에 구현
- 처리스케줄에 따른 전자기록물의 물리적 관리
- 소프트웨어, 하드웨어 및 저장매체의 변화에 따른 전자기록물의 마이그레이션 관리
- 기록관리자와 함께, 전자기록관리에 연관된 각종 표준 및 업무절차, 지침 등의 수립
- 정보의 교환 내지 공유와 관련된 각종 표준 및 지침 적용
- 신규 시스템의 도입 내지 시스템 업그레이드에 대한 기술적 자문
- 전자기록물의 장기보존 및 접근성 유지에 관련된 새로운 기술적 방안을 기록관리자에게 권고
- 전자기록물의 유지 및 처분, 기록보존소로의 이관 등을 승인된 표준 및 절차에 따라 효율적으로 수행

법무담당자

법무담당자는 기관내의 고위관리자 및 기록관리자에게 레코드키핑에 관련된 법률적 사항

들을 조언하게 된다. 레코드키핑상의 다양한 정책들이 각종 법령들에 관련되는 한, 이들의 법률 지식은 필수불가결하다. 예를 들어 기록물의 보존기간 책정시, 법무담당자는 관련 법령에서 규정하고 있는 해당 기록물의 법적 보존기간에 대해 자문해주게 된다.

> *법무담당자는 레코드키핑의 수행에 관련된 각종*
> *법률적 사항들을 자문한다.*

법무담당자는 다음과 같은 역할을 수행한다.

- 레코드키핑 수행에 관련된 각종 법률적 사항들에 대한 자문
- 기관의 운영 및 사업수행에 관련된 각종 법령 내지 정책들과, 레코드키핑상의 각종 관련 사항들을 중재
- 기록물 보존기간 및 처분지침 검토
- 기록물의 보존 및 접근에 관련된 법령상의 문제 자문

내부감사자

내부감사자의 역할은 나라마다 각기 다양할 수 있다. 하지만 최근에 들어서는 최선의 실무를 위한 기관내의 표준을 각 부서들이 성실히 준수토록 감시하는 역할이 날로 중요해지고 있는 추세이다. 이러한 맥락에서 볼 때, 내부감사자는 전자기록관리에 관련된 각종 표준 및 지침들이 기관내 모든 부서에서 준수되도록 함과 아울러, 이를 토대로 성공적인 전자기록관리가 수행되도록 하는 사명을 지닌다고 할 수 있다.

> *내부감사자는 최선의 실무를 위한 기관내 표준들을 각 부서들이*
> *성실히 준수할 수 있도록 지도해야 한다.*

내부감사자의 임무는 두 가지 측면으로 요약할 수 있다. 하나는 전자기록관리 관련 표준의 준수여부를 감시하는 것이고, 또 하나는 전자기록관리상의 효율성을 측정하는 것이다. 이러한 임무는 아래의 사항들을 수행함으로써 완수될 수 있다.

- 레코드키핑에 관련된 국가 차원의 정책, 절차, 표준과 기관 자체의 그것들이 상호 모순되지 않도록 조정
- 각종 정책, 절차 및 표준의 준수 여부에 대한 주기적인 감시

- 레코드키핑시스템 및 관련 정책, 지침상의 개선 분야를 파악할 수 있도록 하는, 레코드
키핑 매 단계에 대한 점검 및 평가 수행

보안전문가

보안전문가는 전자기록물에 대한 불법적인 접근 및 삭제, 변조 등을 방지하는데 중요한
역할을 담당한다. 또한 보안상의 표준 수립 및 이의 준수여부 감시를 통해, 비밀 내지 비공개
전자기록물의 보호에도 일조하게 된다.

> *보안전문가는 보안관련 표준 수립 및 그 운용을 담당한다.*

보안전문가는 기록관리자와의 협력 속에 다음과 같은 역할을 수행하게 된다.

- 레코드키핑상의 보안성 및 무결성을 확보할 수 있는 관련 정책 및 표준, 지침의 수립
- 레코드키핑 관련 전산시스템의 보안성에 대한 점검 수행
- 전자기록관리에 연관된 보안 기술상의 최근 동향 소개
- 전자기록물 관련 비상계획 수립을 위한 기록관리자 및 IT 전문가와의 협력
- 레코드키핑에 필수적인 보안 프로그램의 운용

외부감사자

외부감사자는 전자정보시스템을 통해 생산된 기록물이 감사상의 신뢰할 수 있는 증거가
될 수 있는지를 주의 깊게 판단해야 한다. 특히 효용성있는 재원의 활용 여부를 감시하는
재무 분야에 대한 감사에서는 특히 그러하다.

전자환경 하에서도 감사의 기본적인 원리는 변하지 않는다. 외부감사자는 전자기록이 감
사상의 충분한 증거를 제공하는지를 면밀히 분석할 필요가 있다.

> *외부감사자는 전자기록이 감사상의 충분한 증거성을*
> *보유하길 원한다.*

전자기록이 재판상의 증거자료로 제출된 경우, 법원은 전자기록의 신뢰성을 진단하기에
앞서 우선적으로 이들 증거가 생산된 IT 통제환경상의 신뢰성을 판단하게 된다. 따라서 신뢰
성 및 무결성을 지닌 전자기록의 생산에 의심이 갈 만큼 IT 기술환경이 운용되지 않았다면,

이들 증거는 법적 증거로서의 효력을 얻지 못하게 된다.

외부감사자는 특히 IT 통제환경이 적절하게 운용되는지 또한 재난에 대비한 복구·백업 절차가 제대로 수행되었는지를 점검할 필요가 있다.

소프트웨어 개발자

소프트웨어 개발자는 전자기록관리에 필요한 컴퓨터 프로그램을 설계·제작한다는 점에서, 이들 역시 중요한 이해당사자 중 하나로 간주할 수 있다. 기록관리자는 전자기록물의 장기적 보존 및 지속적인 접근성을 제공할 수 있는 컴퓨터 소프트웨어 개발을 위해 이들과 긴밀한 협력관계를 유지해야 할 필요가 있다.

> *소프트웨어 개발자들은 컴퓨터 프로그램의 설계 및 운용에 중요한 역할을 담당한다.*

[연습 13]

전자기록물과 관련된 소속기관의 이해당사자들은 누구이며, 각기 전자기록과 어떠한 관련성을 지니고 있는가? 전자기록물에 대한 이해당사자들의 다양한 연관성을 왜 파악해야만 하는가?

---

3. 제도적 인프라의 수립

전자기록물에 대한 이해당사자들의 다양한 관심은 정부 정책을 이끌어 내게 된다. 하지만 정부 정책은 제도적 인프라 없이는 그 효과를 거두기 힘들다. 제도적 인프라는 아래의 도표 6처럼, 정책을 최상위 점으로 하고, 교육훈련·서비스·지원을 최하위 기본 토대로 하는 피라미드 형태로 형상화시킬 수 있다. 정책은 상호간을 지원하면서 하나의 전체를 형성하는 다른 요소들 없이는 그 성공을 거두기 어렵다.

도표 6 : 기록관리상의 제도적 인프라 구조

자료 : State Records Authority of New South Wales, "The Recordkeeping Regime", *Govern Recordkeeping Manual*, 1999.

정책

정책은 조직체의 사업 향방에 영향을 미치는 거대 계획이라 할 수 있다. 정책은 사업내용 및 수행절차를 결정하게 된다는 점에서, 하나의 조직체가 선정한 핵심적인 지향점으로 간주할 수 있다. 장고를 거쳐 수립된 정책은 관계 법령의 변화를 야기시키게 된다. 그리고 법령의 변화는 관련 표준 및 최선의 실무강령 등을 연이어 변화시키게 된다.

전자기록관리에 관한 정부의 정책은 주요 이해당사자들과의 협의 하에 국립기록보존소에서 수립하게 된다. 하나의 정책을 수립할 때에는 정부의 여타 정책들 역시 고려해야 한다. 가령 정부가 특정 행정영역의 전산화 방침을 결정할 경우, 전자기록관리 관련 정책은 대규모의 전자기록물 생산에 대비함으로써 이 정책을 지원할 수 있어야 한다.

물론 전자기록 관련 정책이 따라야만 하는 규격화된 틀은 없다. 각 기관에서는 자체 내의 필요 및 사업 목표에 부합하는 정책을 수립해야 한다. 하지만 아래의 뉴사우스웨일즈 주립 기록보존소가 제시한 사항들은 전자기록관리 관련 정책 수립에 유용하게 참조할 만하다.

- 각 기관에서 생산된 전자기록은 모두 공식기록의 범주에 포함되어야 한다.
- 전자레코드키핑은 인증된 최선의 실무관행을 바탕으로 하여 수립되어야 한다.
- 전자레코드키핑 관련 기능들은 기관의 업무활동 및 절차들과 연동하여 이루어져야 한다.
- 전자적 방식으로 수행되는 업무는, 레코드키핑 요건을 충족시킬 수 있도록 관련된 모든 정보들을 적절하게 문서화시켜야 한다.
- 전자기록은 전자적 형태로 유지되어야 한다.
- 전자기록은 신뢰할 수 있는 레코드키핑시스템 내에서 유지되어야 한다.
- 전자기록은 합리적인 기록관리프로그램의 일정 영역으로서 효율적으로 관리되어야 한다.
- 전자기록의 유지 및 장기적 접근성을 보호하는 책임은 공유되어야 한다.

효율적인 전자기록 관련 정책을 수립하기 위해서는, 다음과 같은 질문에 대한 답을 찾아야 할 것이다.

- 기록보존기관의 역할은 무엇인가?
- 기록보존기관은 비현용단계에만 참여해야 하는가 아니면 기록물 라이프사이클의 전 단계에 걸쳐 관여해야 하는가?
- 기록보존기관은 전자기록관리에 소요되는 고비용을 어떻게 충당할 것인가?

> 전자기록관리에 관한 정부 정책은 주요 이해당사자들과의
> 협의 하에 국립기록보존소에서 수립해야 한다.

보존형 모델(Custodial Model), 비보존형모델(Non-custodial Model)

보존형 모델 대 비보존형 모델. 이 양자는 전자기록 환경하에서 기록보존기관의 역할을 둘러싸고 치열하게 전개된 논쟁의 중심이었다.

보존형 모델에서는 기록보존기관의 일차적 임무가 항구적 내지 지속적인 가치를 지닌 기록물들을 안전하게 보존하는 것이라고 말한다. 반면 비보존형 모델에서는 기록보존기관이 전적으로 영구기록물에 대한 보존책임을 전담할 필요는 없다고 주장한다.

전자기록의 세계에서 기록물의 물리적 위치는 종이기록 환경에 비해 볼 때 그리 중요하지는 않다. 원하는 자는 네트워크망 내지 인터넷을 통해 전자기록물에 시공을 초월하여 접근할 수 있기 때문이다. 바로 이러한 이유 때문에 기록보존기관은 이를 위한 규칙 내지 절차의 수립에 전력해야 한다고 비보존형 모델에서는 말한다. 기록보존기관은 생산기관의 전자레코드키핑 운영을 지도·감독하고, 기록물에 대한 접근성을 제고시키는데 주안점을 두어야 한다는 것이다.

양자의 모델은 도표 7에 제시된 바대로, 나름대로의 장점 및 단점 모두를 지니고 있다.

하지만 보존형으로서의 기록보존기관 역할과 비보존형으로서의 기록보존기관 역할은 서로 양립되는 것만은 아니다. 경중의 차이는 있을지언정 기록보존기관은 양자의 역할 모두를 수행할 수 있으며, 실제로 전세계 대다수 기관들에서는 양자의 역할을 동시에 수행하고 있다. 중요한 점은 전자기록물의 관리시 강조점을 어디에 둘 것이냐는 것이다.

> 보존형 모델에서는 기록보존기관의 일차적 임무가
> 항구적 내지 지속적인 가치를 지닌 기록물들을
> 안전하게 보존하는 것이라고 말한다. 반면 비보존형 모델에서는
> 기록보존기관이 전적으로 영구기록물에 대한 보존책임을
> 전담할 필요는 없다고 주장한다.

[연습 14]

전자기록 환경에서 보존형 모델과 비보존형 모델간의 장단점을 논의해 보도록 하자. 소속기관의 경우 어떠한 모델이 더 적합한지 그 이유를 설명해 보자.

보존형 모델

장 점

- 실무적으로 입증된 풍부한 보존방법론을 지닐 수 있다.
- 기록보존기관은 기록물 통제업무에 전력할 수 있다.
- 아키비스트는 정부의 다른 영역에서는 지닐 수 없는, 기록관리에 대한 전문성을 지니게 된다.

단 점

- 기록보존기관은 전 정부영역에서 생산된 전자기록물을 장기적으로 유지할 수 있는 충분한 예산 및 정보기술력을 확보하기 힘들다.
- 아키비스트는 전자기록시스템의 설계단계에 참여해야 할 필요가 있다. 이것은 전 정부영역에서 행해지는 전산시스템 구축 사업에 일일이 참여하기 보다는, 관련 지침 및 표준의 수립을 통해 보다 효율적으로 수행될 수 있다.

비보존형 모델

장 점

- 지속적 가치를 지닌 기록물의 유지 및 보존에 소요되는 고비용은 정부 각 영역으로 분산된다. 전자기록관리에 소요되는 비용은 정부 각 기관의 예산으로 충당된다.
- 기록보존기관은 스스로의 가용자원을 표준 개발, 전산시스템 설계 자문 등과 같은 핵심적 영역에 집중적으로 투입할 수 있다.

단 점

- 아키비스트는 기록물에 대한 직접적인 통제권을 이양하게 된다.
- 현용이 종료된 이후 생산기관은 기록물의 관리에 소홀해지기 쉽다.
- 생산기관은 기록보존기관이 담당해야 할 업무를 수행하는 것에 그리 호의적이지 않다.
- 대부분의 기관들은 가용자원을 자신들의 주된 목표에 투입하려고 하지, 원치도 않는 부수적인 목표에 투자하려고 하지 않는다. 가령 교육부의 경우 그들은 본원적 업무인 교육사업에 투자하려고 하지 기록관리에 허비하려들지 않는다.
- 역사적 가치를 지닌 기록물을 생산기관에 보존토록 하는 기록관리법령을 지닌 곳들조차 이를 준수하기가 쉽지 않다. 과거 기록보존기관들은 강제력 보다는 설득을 통해 생산기관이 보존토록 해왔다.
- 생산기관은 기록물을 항구적으로 보존하는데 필요한 전문적 지식 및 기술력을 지니고 있지 않다.

도표 7 : 보존형 대 비보존형 모델

기록관리법령

일반적으로 국립기록보존소는 법령을 근거로 설립된다. 기타 기록보존기관들은 규칙 내지 명령 등을 통해 설치된다. 전자기록물을 보호하기 위해서는 기록관리법령에 다음과 같은 사항들을 반영시킬 필요가 있다.

- 전자기록을 포괄하는 기록물의 정의 확대
- 국립기록보존소에 전자기록관리에 관한 정책 및 표준 등을 수립할 수 있는 권한 부여
- 국립기록보존소가 별도의 전자기록관리 전담부서를 설치하고, 그 책임 및 임무를 부여할 수 있도록 하는 권한 부여
- 항구적 가치를 지닌 전자기록물을 관리하는데 필요한 재원을 생산기관 스스로 충당하도록 요구(이 점은 앞서 설명한 비보존형 모델을 정립하기 위한 필수 사안임)

기록관리법령은 공공영역의 기록 생산 및 관리에 영향을 미치는 기타 법령들과의 관계 역시 신중히 고려해야 하며, 필요시에는 관련 법령을 개정토록 유도해야 할 것이다. 기록관리법령과 연계된 주요 관계법령은 다음과 같다.

- 정보공개 관련 법령
- 데이터보호 관련 법령
- 개인정보보호 관련 법령
- 재무 및 감사 관련 법령

전자기록물의 증거력 및 법적 효력 역시 기록관리법령에서 신중히 고려해야 할 사항이다. 아무튼 국립기록보존소는 법령을 관할하는 정부 부처와 긴밀한 협력관계를 유지해야 할 것이다.

[연습 15]

자국의 기록관리법령에서는 '기록물'의 범위를 정의하고 있는가? 전자기록물 역시 기록물의 범위에 포함되는가? 전자기록물과 관련된 기타 법령들은 어떠한 것들이 있는가?

표 준

앞서 제2과에서 언급했듯이, 표준은 감사 내지 점검상의 척도로 활용할 수 있는 하나의 기준이라 할 수 있다. 전자기록관리에서 기술관련 표준은 중요하다. 왜냐하면 전자기록물을 새로운 매체 및 운영체계로 이전시키는 행위 전반에 핵심적인 역할을 담당하기 때문이다.

> *표준은 척도로 삼을 수 있는 하나의 기준이다.*

비록 국립기록보존소 내지 기타 기록보존기관이 단독으로 컴퓨터시스템에 관련된 기술표준을 수립할 수는 없지만, 그 수립과정에 참여할 수 있는 제도적 방안은 마련되어야 한다. 이를 감안할 때, 전자기록물의 장기적 보존 및 접근성 유지에 필요한 요건들은 어떠한 기술표준이 가장 잘 충족시켜주는지에 대한 정보들을 취합해 관리할 필요가 있다고 할 수 있다.

국제표준화기구(International Standards Organization : ISO)에서는 현재 새로운 기록관리 환경에 부합하는 기록관리 표준을 개발 중에 있다. 이 표준은 기록관리의 주요 원리와 함께, 레코드키핑시스템을 설계·수행하는데 필요한 실무지침을 제시할 예정으로, 새로운 IT 환경에서 활동하는 기록관리자 및 시스템 설계자들에게 유용하게 활용될 것으로 기대된다.

ISO에 대한 보다 상세한 정보는 제6과를 참조

최선의 실무강령

표준과 달리, 최선의 실무강령은 의무적으로 준수해야 할 사항은 아니다. 이것은 기관의 업무수행 방식을 평가·측정하는 벤치마킹 요소로 활용된다. 최선의 실무강령은 감사상의 척도로서 준용되지는 않지만, 이것을 준수치 못할 경우 업무수행 방식의 비능률화와 함께 많은 비판을 받게 된다.

가이드라인 및 매뉴얼

가이드라인 및 매뉴얼은 표준 및 최선의 실무강령을 준수할 수 있도록 하는 안내서의 역할을 담당한다. 기록보존기관은 일반적으로 감사담당자, IT 전문가, 보안담당자 등 다양한 이해당사자와의 협력 속에 가이드라인 및 매뉴얼을 수립하게 된다. 가령 개별 업무담당자의 PC에서 수행할 수 있는 전자기록관리 가이드라인도 만들어질 수 있다. 이러한 가이드라인에서는 전자기록의 생산, 디렉토리·파일 관리 및 효율적 활용방안 등 주로 관리상의 문제에 대해 설명해 줄 것이다(부록 1 참조). 기록물 담당자는 이러한 가이드라인 개발에 적극적으로 참여해야 하며, 각 기관의 고위관리자들은 여기서 제시하는 업무지침들이 실무현장에 적극적으로 구현될 수 있도록 독려해야 할 것이다.

교육훈련, 서비스, 지원

기록보존기관들은 각 기관의 업무담당자들에게 보다 상세한 기록관리 업무안내 및 설명을 제공해야 한다. 이를 위해서는 정기적인 교육코스 및 맞춤식 훈련과정을 개설함과 아울러, 기관 스스로 당면 문제를 해결할 수 있도록 하는 컨설팅서비스를 제공해야 할 필요가 있다.

홍보 및 선전

아무리 체계적으로 수립된 기록관리 프로그램이라 하더라도, 이를 적극적으로 교육시키거나 홍보하지 않는다면 무용지물이기 마련이다. 기록보존기간은 전자기록관리 관련 정책 및 표준, 매뉴얼 등을 출판물로 간행하여 광범위하게 보급해야 할 필요가 있다. 예를 들어 뉴스레터 등에 전반적인 개요를 소개하거나 여타 언론매체를 통해 홍보한다던가, 또는 워크숍을 통한 교육의 장을 마련하는 행위 등은 모두 이러한 노력의 일환으로 볼 수 있다.

> *각종 표준 및 가이드라인 수립, 교육프로그램 개발 등과*
> *아울러, 출판 등 여타 매체를 통해 홍보하는 행위들은*
> *모두 성공적인 레코드키핑시스템 운영을 위한*
> *제도적 인프라라 할 수 있다.*

[연습 16]

본 모듈에서 학습한 내용을 기반으로, 전자기록물의 생산 및 활용상에서 직면할 수 있는 모든 문제점들을 나열해 보도록 하자.

요약

이번 과에서는 아래와 같은 실질적인 문제와 더불어, 전자기록과 연관된 다양한 관리상의 이슈들에 대해 살펴보았다.

- 레코드키핑은 더욱 더 복잡해지고 있다.
- 업무처리의 자동화는 전자기록을 관리해야 하는 또 다른 어려움을 가져다 준다.
- 전자기록에 대한 전적인 의존은 고도의 위험요소를 수반한다.
- 전자기록관리에는 고비용이 소요된다.
- 감사상의 증거들을 잃게 될 위험성이 높아지고 있다.
- 전자기록은 전자정부 구현의 기본 토대이다.

또한 이번 과에서는 전자기록의 생산 및 활용과 연관된 다양한 범주의 이해당사자들을 살펴보았으며, 아울러 효율적인 전자기록관리체제 구축에 전제가 되는 제도적 인프라를 검토하였다.

학습과제

1. 종이기록 환경에서 전자기록 환경으로의 변화시 발생하게 되는 문제점들을 나열해 보도록 하자.

2. 왜 전자기록에 대한 전적인 의존은 고도의 위험요소를 수반하게 되는가?

3. '전자정부'란 무엇인가?

4. 효율적인 전자기록관리에 연관된 주요 이해당사자들을 열거해보자.

5. 전자기록관리체제 수립을 위해 필요한 제도적 인프라들을 설명해보자.

6. 기록보존소의 역할을 둘러싼 보존형 모델과 비보존형 모델간의 차이점은 무엇인가?

7. 전자기록의 보편화에 대비하기 위해서는 어떠한 법령들이 개정되어야 하는가?

연습 : 조언

연습 12-16

이번 모듈에 제시된 모든 연습문제들은, 소속기관에서 당면하고 있는 현행 전자기록관리 상의 문제들을 본 모듈상의 내용들과 비교, 검토해 볼 수 있도록 고안된 것이다. 각 연습문제 들에 대한 나름의 답을 작성한 후, 본문 중에 제시된 내용들과 세밀히 비교해 보도록 하자.

전자기록관리 프로그램 수립 :
프로그램 차원의 이슈들

앞서 전자기록관리와 연관된 기술 및 관리상의 이슈들을 살펴보았다면, 지금부터는 전자기록관리 프로그램 수립을 위해 필요한 사항들을 검토할 차례이다. 그 첫 번째 단계는 조직의 실정에 맞는 최선의 전자기록관리 프로그램 수립을 위해, 우선적으로 다음의 사항들에 대해 세밀하게 점검해 보는 것이다.

- 이해당사자
- 현행 전산시스템 및 전자기록물
- 향후 전자기록물을 생산하게 될, 현재 진행 중인 전산화 사업계획
- 시설·장비·재원·인적 자원 등 전자기록관리를 위한 현행 인프라 수준

이를 통해 조직의 전산화 현황과 함께 이상적인 레코드키핑 체제에 비춘 조직의 현 수준을 가늠해보아야 하며, 아울러 조직의 환경에 부합하는 프로그램 수립방안을 신중히 고려해야 한다. 마지막으로 조직이 처해있는 전자기록 환경을 분석해야 한다. 즉 조직은 메인프레임 컴퓨터 환경, 개인용 컴퓨터 환경, 네트워크화 환경 중 어디에 위치해 있는가?

I. 이해당사자 분석

전자기록관리 프로그램을 수립하기 위해서는, 관련 이해당사자에 대한 다음과 같은 사항들을 분석해야 한다.

- 전자기록의 활용 및 관리와 연관된 모든 개인, 단체, 조직을 파악한다.
- 전자기록관리를 위한 협력체제 수립을 위해 각 이해당사자들이 지닌 강점 및 약점

등을 분석한다.

- 이해당사자들간의 이해관계(대립도, 협력성, 상호의존성 등)를 확인한다.

이러한 분석은 결국 전자기록관리 프로그램 수립을 계획하는데 유용한 정보를 제공해주며, 수립과정에서 해결해야 할 장애요소들을 파악할 수 있게 해준다.

[연습 17]

앞선 제3과의 이해당사자에 대한 분석들을 다시 한번 읽어보고, 전자기록관리와 연관된 각 이해당사자들의 강점 및 약점들을 확인해 보도록 하자. 아울러 이들 이해당사자 간의 이해관계 역시 파악해 보도록 하자.

---

2. 전산시스템 및 전자기록물에 대한 조사

전자레코드키핑시스템의 구축 수준을 파악하기 위해서는 조직에 대한 조사를 실시할 필요가 있다. 이를 통해 전자레코드키핑과 관련된 인프라 수준을 가늠할 수 있으며, 나아가 현 수준에 맞는 시스템 구축 전략을 수립해 나아갈 수 있다.

> *조직에 대한 조사는 전자레코드키핑시스템 구축을 위한*
> *인프라 수준을 가늠할 수 있게 해준다.*

아래에서는 조사에 필요한 질문 사항 및 보조질문 사항들을 나열해 보았다.

어떠한 업무기능들이 전산화되어 있는가?

이것은 필수 질문사항으로, 전자기록이 생산되는 전산시스템들을 확인할 수 있도록 해준다. 만일 전산화되어 있는 업무기능이 존재하지 않는다면, 현재 계획되고 있거나 구축 중에 있는 전산시스템을 확인토록 해야 한다.

전산시스템은 '기록물'을 생산하고 있는가?

전산시스템에서 단지 데이터만을 생산하고 있다면, 진본성 등 기록관리에 연관된 문제들은 크게 신경쓸 필요없다. 기록물과 데이터의 차이점에 대해서는 앞의 제1과를 참조하기 바란다.

기록물은 얼마나 오래 보존되어야 하는가?

기록물을 전자적 형태로 2년 내지 3년 등 단기간동안 관리하는 것과, 10년 이상 장기적으로 관리하는 데에서 발생되는 문제들 사이에는 큰 차이점이 있다. 보존기간이 길면 길수록, 하드웨어·소프트웨어나 저장매체가 사양화될 위험성은 더욱 높아지며 또한 보존에 소요되는 비용 역시 더욱 증대된다.

보조질문 사항들은 다음과 같다.

- 시스템의 목적은 무엇인가? 왜 기록물이 생산되었으며 어떠한 부류의 사용자를 지니는지는 기록물의 보존기간 결정에 중요한 의미를 지닌다.
- 기록물은 생산목적 이외의 다른 용도를 지니는가?
- 이러한 이용도는 보존기간 산정에 얼마나 영향을 미치는가?
- 기관에서는 진정 기록물을 전자적으로 유지할 필요가 있는가? 3과에서 언급했듯이, 노후화에 대비하는 방법 중의 하나는 전자기록물을 종이와 같은 안정적인 매체에 출력하는 것이다. 그러나 종이에 출력하는 것은 전자기록물이 지니고 있는 많은 이점들을 사라지게 한다. 즉 더 이상 수정되거나 편집되는 것은 불가능하게 되며, 또한 손쉽게 사용자에게 전달될 수도 없다. 그리고 동일한 복제본을 계속해서 만들어내는 것은 기술적으로 불가능하게 된다. 하지만 기술의 노후화에 대한 대비방안으로 종이출력은 그리 많은 비용이 소요되지 않을뿐더러, 제일 손쉬운 방안이란 장점 또한 지닌다.
- 어떠한 기록물이 업무과정에서 생산·활용되며, 또한 얼마나 오래 보유해야 하는가?
- 이들 기록물은 법적 내지 감사상의 활용 목적을 지니고 있는가?
- 시스템을 통해 종이 내지 컴퓨터출력 마이크로필름(COM) 형태로 산출된 보고서는 무엇을 위해 사용되는가?
- 기록물은 얼마나 오래 전자적으로 유지되어야 하는가? 기록물의 활용도 및 활용목적은 시간의 흐름에 따라 변하기 마련이다. 예를 들어 현용단계 동안에는 기록물을 전자적으로 활용하는 것이 편리하지만, 준현용 내지 비현용단계에서는 종이 내지 마이크로피시와 같은 복제물을 이용하는 것이 보다 합리적일 수 있다.
- 각정 정보들은 얼마나 오래 온라인상에서 유지되어야 할 필요가 있는가?
- 만일 온라인상의 데이터가 더 이상 필요없게 된다면 오프라인상에서 관리할 필요는 있는가? 그렇다면 얼마나 오래 관리해야 하는가?
- 어떠한 처리행위 정보들이 쉽게 유실될 수 있는가? 이것은 가늠하기가 쉽지 않을 것이

다. 기록물을 ASCII와 같은 소프트웨어 독립포맷으로 변환할 경우에는 기록물의 구조 및 서식 등이 유실될 위험성이 매우 높아진다. 이러한 위험성은 원본 포맷의 종류 및 사용된 소프트웨어, 표준포맷의 이용 여부 등에 따라 달라진다. 하지만 일반적으로 전자기록물을 수차례 마이그레이션할 경우, 정보의 손실 위험도는 더욱 높아지게 된다. 기록물을 종이 내지 마이크로필름에 출력할 경우 역시 정보의 손실은 불가피하다. 예를 들어 이메일을 종이에 출력할 경우 컴퓨터 스크린에서 보는 것과 동일한 외형을 지닐 수는 있지만, 수발신자 및 일자, 각종 로그정보, 첨부물 등과 같은 요소들을 그대로 보존할 수는 없다. 아무튼 최종적인 결정은 법적 요건의 충족 및 업무상의 필요성을 신중히 고려하여 이루어져야 한다. 이것은 각각의 사례별로 행해져야 하면서도 규칙적인 시간 간격으로 검토해야 하는 매우 복잡한 결정이라 할 수 있다.

[연습 18]

소속기관의 전산시스템 하나를 선정하여 다음의 질문사항에 대한 답을 찾아보도록 하자.
- 어떠한 업무기능을 전산화한 것인가?
- 전산시스템에서는 기록물이 생산되고 있는가?
- 생산된 기록물들은 얼마나 오래 보존해야 하는가?

---

3. 인적 · 물적 자원

전자기록물을 효율적으로 관리하기 위해서는 국립기록보존소 및 이해당사자들의 인적 · 물적 자원을 철저히 분석해야 한다. 이를 위해서는 현행 예산수준 및 인력구성 현황과 함께 향후 필요로 하는 예산수준을 신중히 파악해야 한다.

전자기록물 관리에 필요한 인적 · 물적 자원을 확보하고 있는가? 이것은 향후의 전략 선택에 있어 매우 중요한 사항이다. 만일 충분한 인적 · 물적 자원을 구비하고 있지 않다면, 기관의 고위관리자층과 충분히 협의해야 할 것이다. 인적 · 물적 자원과 관련하여 고려해야 할 주요 사항은 다음과 같다.

- IT 전문가를 확보하고 있는가?
- 전자기록물의 보존에 필요한 적정 환경 및 통제책을 지니고 있는가?

- 안정적으로 전력을 공급받을 수 있는가? 만일 전력공급이 불안정하다면, 무정전 전원공급장치(UPS), 서지 프로텍터(Surge Protector) 및 보조발전기 등을 구비해야 할 것이다.
- 소속 직원들은 전자기록관리 프로그램을 운영할 수 있는 충분한 전문성을 지니고 있는가?
- 충분한 시설장비 및 기술력을 확보하고 있는가?
- 적절한 예산을 확보하고 있는가?

[연습 19]

앞의 질문사항들을 바탕으로 소속기관의 인적 · 물적 자원에 대해 조사해 보도록 하자.

예산

모든 기록관리가 그러하듯이, 전자기록관리 역시 충분한 예산확보가 필수적이다. 전자기록관리에 필요한 예산은 장기적으로 꾸준한 확보가 가능해야 한다. 이를 위해서는 매년 전자기록관리에 소요되는 적정 예산을 배정받을 수 있도록 해야 할 것이다.

> *적정 수준의 꾸준한 예산확보는 전자기록관리 프로그램*
> *운영을 위한 필수사항이라 할 수 있다.*

전자기록관리에 소요되는 장기적 예산은 정확히 산출하기 어렵다. 컴퓨터 기술은 급속히 변하고 있으며, 이에 따라 그 비용 역시 수시로 달라지기 때문이다. 이를 감안할 때 전자레코드키핑시스템을 운영하기 위해서는 비용편익분석(Cost-benefit analysis)을 행해야 할 필요가 있다. 다음의 사항들은 이를 위해 고려해야 할 요소들이다.

- 저장 비용
- 장비의 감가상각비(IT 관련 장비는 급속히 감가상각되며, 또한 수시로 교체해야 할 필요가 있다.)
- 소모성 경비
- 환경유지비
- 마이그레이션 경비
- 컴퓨터 수리비

● 전문기술자 임금

전자기록관리에 소요되는 장기적 비용을 정확하게 산출하는 것은 어렵다 할지라도, 단기적 비용의 산출은 어느 정도 가능하다. 단기적 비용은 전자기록관리에 필요한 각종 인프라 구축에 소요되는 지출을 의미한다. 물론 전자기록관리에 요구되는 단기적 비용은 종이기록물 관리에 소요되는 것보다 훨씬 크다. IT 전문가를 고용하기 위해서는 고액의 연봉을 지불해야 할 뿐만 아니라, 컴퓨터 관련 장비를 구입·유지·업그레이드시키는 데에도 고비용이 소요되기 때문이다.

기록관리자들은 전자기록관리를 수행하기 위해 확보해야 하는 예산수준을 가늠할 수 있는, 표준지표 등과 같은 도구를 개발할 필요가 있다. 이것은 명확한 기준을 제시함으로써 전자기록관리에 필요한 적정 예산의 확보에 일조하게 된다. 전자기록을 관리해야 하는 문제에 직면하여 그 해결방안을 찾고 있는 기관의 장들은 전자기록관리 프로그램 운영을 위한 좋은 파트너가 될 수 있다.

인적 자원

정부의 업무수행이 전산화 방식으로 변화된 이래, 기록관리전문가 사이에서는 전자기록관리 프로그램 운영에 필요한 인적 자원의 자질을 놓고 활발한 논쟁이 전개되어 왔다. 비록 각 기관마다 전자기록물을 둘러싼 문제는 다양하게 나타나고 또한 정보기술 역시 끊임없이 변화하고 있지만, 그 핵심적인 원리는 분명한 듯하다.

> 전자기록관리 프로그램을 효율적으로 운영하기 위해서는 고도의
> 전문기술을 지닌 우수인력 확보와 함께 팀워크의 형성이
> 필수적이다.

우선, 기록관리상의 주요 원리 및 방법론들은 어떠한 매체에도 적용이 가능하다는 점이다. 수준 높은 기록관리 기술은 필수적이라 할 수 있다.

두 번째로, 전자기록관리에는 팀제식의 공동 노력이 필요하다. 전자기록관리에 요구되는 기술들은 너무도 광범위해, 특정 개인이 이를 모두 소화하는 것은 현실적으로 불가능하다. 따라서 기록관리기관에서는 전자기록관리에 요구되는 다양한 기술들을 팀제식으로 조직화할 필요가 있다. 유럽공동체 산하의 DLM포럼에서는 이를 '응집화 능력'(core competencies)으로 칭해 왔다. 여기에는 도표 8에 제시된 사항들에 대한 고도의 전문지식이 필수적이다.

도표에 제시된 응집화 능력상의 항목들을 교육프로그램의 커리큘럼 일종으로 이해해서는

안된다. 어떠한 교육프로그램도 이처럼 다양한 측면들을 모두 담아낼 수는 없기 때문이다. 더욱이 각각의 항목들은 고도의 전문지식 및 노하우를 축적해야 도달이 가능한 것들이다. 도표에 제시된 항목들은 각 개인의 업무능력을 평가할 수 있는 전문성 측정을 위한 기준으로도 삼을 수 있다.

이러한 기준을 토대로 현재 기록관리 프로그램상의 직무 기능 및 자격 요건을 재조정할 필요도 있다.

기록관리기관에서는 이에 맞는 교육훈련 프로그램을 개발하기 위해 노력해야 한다. 아울러 학벌이나 전공 등에 상관없이, 여기에 부합하는 전문 기술과 지식을 지닌 인재들을 채용할 수 있는 방안을 강구해야 할 것이다.

전자기록관리를 위한 팀을 자체적으로 편성할 능력이 없는 기관의 경우에는 외부에서 필요한 전문 인력을 보충하는 방안도 고려해 볼 수 있다. 예를 들어 국립전산원과 같은 공공기관에서 컴퓨터 전문가를 충원한다던지, 또는 대학의 정보처리학과와 같은 민간 영역과 특정 용역계약을 체결한다던지 등을 통해서 말이다.

여기서 고려해야 할 점이 있다면, 이와 같은 팀구성은 전자기록관리를 수행하기 위한 최소한의 전제 조건이라는 것이다. 이러한 전제 조건 조차 구비하지 못한다면, 전자기록관리의 지속적인 운영이 불가능함은 물론이다.

그러면 이러한 팀은 어떻게 조직화시켜야 하는가? 각국의 국립기록보존소들은 점차적으로 전자기록관리의 원리와 연동하여 조직의 주요 기능들을 재편해가고 있다. 이는 매체에 상관없이 모든 기록물들을 연속성의 원리에 따라 관리할 수 있게 할 뿐만 아니라, 조직내 모든 구성원들에게 특정 분야에 관한 전문적 소양을 배양시켜 주는 등 많은 이점을 가져다 주게 된다. 하지만 한편으로는 주요 이해당사자들과의 교섭 및 각종 표준들에 대한 전문적 진단을 위해, 또한 전자기록물의 항구적 보존 및 특정 처리절차의 수행을 위해 국립기록보존소내 전문 부서를 설치할 필요 역시 있다고 할 수 있다.

[연습 20]

도표 8에 열거된 항목들을 검토해 보자.

도표에 제시된 모든 항목들에 대한 전문적 소양을 구비하는 자는 있을 수 없다. 소속기관 내에서 이러한 기능들을 분담할 수 있는 자들을 찾아보도록 하자. 소속기관내에서 찾을 수 없는 기능은 어떠한 것들이 있으며, 이를 충원할 수 있는 방안은 무엇인지 숙고해 보도록 하자.

```
┌─────────────────────────────────────────────────────────────────┐
│                     기록관리 및 보존 영역                          │
│                                                                   │
│   기록학 기본 개념 및 용어                                          │
│   레코드키핑 기능/보존 기능                                         │
│   진본성                                                           │
│   출처주의 원리                                                     │
│   기록물의 정의(전자기록물 포함)                                     │
│   계속적 가치의 개념                                                │
│   기록관리 및 레코드키핑 실무/시스템                                 │
│   기록물의 평가                                                     │
│   전자기록물의 기술(description)                                    │
│   기술(description) 표준 및 실무                                    │
│   맥락 정보                                                         │
│   전자기록물의 장기적 접근                                          │
└─────────────────────────────────────────────────────────────────┘
```

```
┌─────────────────────────────────────────────────────────────────┐
│                          법률적 영역                               │
│                                                                   │
│   데이터 보호 및 정보기술 보안                                      │
│   개인정보보호법                                                    │
│   저작권 및 지적 재산권                                             │
│   정보공개법                                                       │
│   기록관리법 및 윤리                                                │
│   전자기록물의 법적 증거력                                          │
└─────────────────────────────────────────────────────────────────┘
```

```
┌─────────────────────────────────────────────────────────────────┐
│                          조직적 영역                               │
│                                                                   │
│   정보관리                                                         │
│   조직 변천사 관리                                                  │
│   정보정책 :                                                       │
│           조직 자산으로서의 기록 · 정보                              │
│           정보 공유                                                 │
│           역할 및 책임성                                            │
│           정책 형성                                                 │
│   공공영역의 정보기술 및 관리                                       │
│   정보기술의 활용과 관련한 업무프로세스 재설계                       │
│   업무처리 절차와 기록 · 정보간의 상호관계                           │
└─────────────────────────────────────────────────────────────────┘
```

도표 8 : 전자기록관리를 위한 필요 조건

방법론적 영역

프로젝트 관리
소프트웨어 엔지니어링
비용/편익 분석
프로그램 계획·개발·평가
프로그램 유지 및 지원 획득 전략

정보기술 영역

정보기술시스템의 기본 개념 및 용어
정보기술시스템 구성요소(예: 하드웨어, 소프트웨어, 저장매체, 표준, 통신공학 및 네트워크
등)
데이터 구조 및 포맷 표준(예: 데이터베이스, 텍스트파일, GIS, CAD, 스프레드시트, 비트맵
이미지 등)
전자기록물의 장기 보존 :
　　　　　　　　보존 위험 요소
　　　　　　　　마이그레이션 전략
메타데이터
다큐멘테이션 및 메타데이터 표준

시스템 설계 영역

정보시스템 아키텍처
업무자동화시스템(전자등록시스템, 문서관리시스템, 그룹웨어시스템, 워크플로어시스템 등)
의 종류 및 기능
시스템 분석 및 평가(업무기능 분석, 개념적 데이터(conceptual data) 모형, 시스템 개발 방법론,
플로어차트)

도표 8: 전자기록관리를 위한 필요 조건(계속)

시 설

전자기록물에 대한 접근성을 지속적으로 유지시키기 위해서는, 저장매체 뿐만 아니라 전자기록물을 생산하는데 이용된 기술력 역시 안정적이어야 한다. 마그네틱테이프, 디스켓, CD-ROM 및 ZIP드라이브와 같은 전자적 저장매체는 종이와 같은 장기적 보존성을 지니고 있지 않다. 환경적 조건 역시 저장매체의 보존성에 영향을 미친다. 높은 습도는 특히 위험하다. 일반적으로 디스켓과 같은 마그네틱 매체는 섭씨 16~20도의 온도 및 45~50%의 상대습도에서 보존하도록 되어 있다. 최근의 연구들에서는, 전자매체의 장기보존을 위해서는 보다 낮은 온도에서 보존해야 함을 권고하고 있다.

> 전자기록물은 안정적인 환경에서 저장되어야 할 필요가 있다.

전자기록물을 보존하는 가장 기본적인 원리는 자기파나 전자파에 대한 노출없이, 서늘하면서도 건조한 환경에서 저장하는 것이다. 전자매체는 적절한 보존공간에서 수직으로 세워 보관해야 한다. 3480테이프 카트리지의 경우에는 저장컨테이너를 사용하며, 12인치 마그네틱테이프의 경우에는 이를 위해 특별히 고안된 와이어 선반(wire shelving)이 사용된다. 전자적 정보를 보호하는 최선의 방법은 복사본을 제작하여 오프사이트 공간에 별도로 보관하는 것이라 할 수 있다.

낮은 온도 및 습도는 테이프의 가수분해 현상을 줄어들게 할 뿐만 아니라 광매체의 부식률 역시 저하시켜 준다. 전자매체 보존상의 가장 필수적인 부분 중 하나는 온도 및 습도에 따른 매체의 요동(fluctuation) 현상을 방지하는 것이다. 테이프 및 디스크의 수축 내지 팽창 현상은 이들 매체를 변형시키거나 갈라지게 해 더 이상 못쓰게 만든다. 바로 이러한 이유로 인해 이들 매체의 보존시 환경친화적 보존상자를 사용하게 되는 것이다.

저장 및 작업공간 역시 서로 상극적인 온습도 상태를 피해야 한다. 상이한 환경을 지닌 지역으로부터 이관된 매체의 경우, 그 활용에 앞서 현재의 환경적 상황에 맞추는 순응과정을 거치도록 해야 한다. 추운 지역으로부터 보다 온도가 높은 지역으로 이관된 경우에는 습기가 발생하는 현상을 방지토록 해야 한다. 일반적으로 볼 때(특히 마그네틱테이프의 경우), 24시간의 환경순응과정 내지, 섭씨 1도 및 상대습도 5%당 1시간씩의 순응과정을 거치도록 되어 있다. 만일 매체가 보관함에 저장된 경우에는 그 시간은 두 배가 된다. 9트랙 테이프의 경우 습도상의 환경순응과정은 8일이 걸리게 된다.

전자기록물의 저장공간은 청결해야 할 뿐만 아니라 최대한의 하우스키핑 이점을 지니도록 해야 한다. 가장 이상적인 저장공간은 바로 무균실이다. 무균실은 공기 중의 오염이 차단되는 공간으로, 그 관리 규율이 엄격할 뿐만 아니라 고비용이 소요된다. 먼지를 유발시키는 물질들은 일체 반입될 수 없으며, 따라서 어떠한 먼지도 쌓이지 않게 된다. 만일 무균실 시설을 갖출 형편이 못된다면, 이와 유사한 환경적 조건을 최대한 유지할 수 있도록 해야 할 것이다.

저장공간 및 저장매체를 청결케 하기 위해 화학제를 사용하는 것은 금물이다. 일상적인 청결용 세제 역시 마찬가지이다. 바닥을 닦을 시에는 중성용 주방세제를 온수와 함께 사용할 수는 있다. 하지만 모든 물자국은 깨끗한 마른 수건을 사용하여 신속히 제거해야 한다. 왁스나 기타 윤택제, 제거제 등의 사용 또한 금물이다. 보관함을 닦을 시에도 비화학적 물질을 사용해야 한다. 영구보존 대상자료의 수리복원 작업을 수행할 경우에는 플라스틱 소재의 완충용 시트를 사용하여 기록물을 보호해야 한다.

저장공간은 또한 화재로부터도 보호되어야 한다. 공간을 둘러싼 사방의 벽 및 천장이 갖추어져야 함은 물론이다. 화재보호용 벽면이나 보관함을 구비할 수 없는 경우, 저장공간은 가연성 재료가 많은 화재위험 지역으로부터 가급적 멀리 위치해 있어야 한다. 이 경우 역시 복사본을 오프사이트 공간에 별도로 저장해 놓은 것이 최선의 보호책이라 할 수 있다. 마지막으로 전자기록물이 지하공간에 저장되고 있는 경우에는, 홍수발생 위험도를 측정한 후 적절한 예방조치를 취해야 할 것이다.

전자기록물의 복제 및 활용을 위한 컴퓨터 장비를 구비할 경우에는 컴퓨터 서버 및 모니터, 테이프드라이브 등을 위한 충분한 공간 마련이 필요하다. 그 공간은 한 명의 직원이 사용하는 사무공간 정도면 충분하다. 유지환경은 사람들의 손길이 닿는 관계상 서늘하면서도 건조한 상태이어야 한다. 음식물의 반입 및 흡연 역시 불가능하며, 인접한 곳에 어떠한 가연성 소재들이 있어서도 안된다.

> *전자기록관리를 위한 기본 요건 중의 하나는 정보의*
> *마이그레이션 계획을 수립하는 것이다.*

그러나 저장매체는 전자적 정보의 외피에 불과하다. 전자기록물을 생산하는데 사용된 기술은 끊임없이 변화한다. CD-ROM은 50년 정도의 보존성을 지니지만, CD-ROM에 관련된 기술은 기껏해야 10년 정도 유지된다. 이를 감안할 때 전자기록관리를 위한 기본 요건 중의 하나는, 현재의 저장매체에서 새로운 매체로 정보를 이전시키는 마이그레이션 계획을 수립하는 것이라 할 수 있다. 새로운 매체로의 이전은 현재의 기술을 당분간 계속적으로 활용할 수 있는 장점을 지니고 있다.

전자적 정보를 새로운 기술단계로 이전시켜야 하는 문제를 해결하기 위해 현재 전세계적으로 연구프로젝트들이 진행되고 있다. 하지만 현재까지 이 문제에 대한 어떠한 해결책도 제시되지 않았기 때문에, 전자기록관리에서 마이그레이션은 필수적으로 수행되어야만 한다. 아무튼 각 기관에서는 다음과 같은 질문에 대한 답을 스스로 구해야 할 것이다.

- 소속기관에서는 에어컨 및 가습기 등의 장치를 통해 전자기록물 저장을 위한 적정 환경을 유지하고 있는가?
- 전력공급은 안정적으로 이루어지고 있는가? 만약 그렇지 않다면, 보조전원장치 내지 서지프로텍터, 발전기 등과 같은 기기를 구비하고 있는가?

장 비

복사 내지 마이그레이션에 필요한 장비는 원본 전자기록물이 생산된 매체 및 이의 저장·접근을 위해 사용된 매체의 유형에 따라 결정된다. 복사과정 중에 수행되어야 하는 필수 절차 중의 하나는, 원본 매체의 정보와 복사본의 그것을 비교해 정보의 유실을 방지하는 것이다. 또 다른 필수 절차는 전자기록물의 진본성 여부를 검토하는 것으로, 이는 이관부서에서 제공한 메타데이터의 검증을 통해 이루어지게 된다. 복사 및 진본성 검증을 위한 소프트웨어는 컴퓨터의 저장공간이 큰 경우 함께 설치하여 활용할 수 있다.

> *효율적인 전자기록관리를 위해서는 적정*
> *컴퓨터 장비를 구비해야 한다.*

전자기록물의 생산 및 유지·활용을 위해 사용되는 하드웨어는 가동규칙을 철저하게 준수하여 관리해야 한다. 하드웨어 장비에 대한 보호책은 사치스러운 낭비가 아닌, 순조로운 기록물의 생산 및 저장을 위한 핵심 방안이라 할 수 있다. 제조사에서 제공해주는 사용수칙 및 관리스케줄은 철처하게 준수해야 하며, 아울러 수리 또한 일정 자격을 갖춘 기술자에 의해 수행되어야 한다. 그리고 장비 운영자는 지속적으로 연구하고 교육받는 자세를 견지해야 할 것이다.

[연습 21]

스스로 전자기록관리체제를 수립한다고 가정해 보고, 소속기관의 기존 시설 및 장비 현황을 평가해 보도록 하자. 그리고 난후 이미 완료되어 있는 것과 앞으로 수행해야 할 사항들을 점검해 보도록 하자.

---

4. 컴퓨터 환경에 따른 전략 선택

전자적 형태로 기록물을 장기보존하는 것은 고도의 위험요소를 함유하는 선택이다. 지금까지 살펴본 바대로, 이와 관련된 문제는 아직 뾰족한 해결방안이 제시되지 못한 실정이다. 더욱이 전자기록물을 아직 개발되지 않은 미래의 신기술로 마이그레이션해야 할 필요성은, 현재로서는 상상할 수조차 없는 위험요소를 내포하고 있는 것이다.

> 전자적 형태로 기록물을 장기적으로 보존하는 것은 고도의
> 위험요소를 함유하는 선택이라 할 수 있다.

전자적 형태의 보존은 기록물의 일부 내지 전부를 잃어버릴 위험성을 지니고 있다. 또한 그 보존에 소요되는 몇 십년 후의 비용은 가늠하기 조차 어렵다. 바로 이러한 이유 때문에, 전자적 형태의 장기보존은 매우 신중하게 결정되어야 하는 것이다.

효율적인 전자기록관리를 수행하기 위한 방안은 어떻게 수립해야 하는가? 첫 번째 단계는 전자기록물이 생산·관리되고 있는 제반 환경을 면밀히 분석하는 것이다. 세부 수준은 각 나라마다 다양하겠지만, 일반적으로 세 단계의 컴퓨터 환경으로 구분 지을 수 있다. 앞서 1과에서 설명한 바대로, 이는 메인프레임 컴퓨터단계, PC단계, 그리고 네트워크화 컴퓨터단계이다.

이러한 세 범주 내에서도 다양한 시나리오를 상정해 볼 수 있다. 어떤 기관에서는 2~3개 정도의 중앙통제식 재무시스템을 가동하고 있을 수도 있으며, 또 다른 기관에서는 PC조차도 거의 보급이 안되었고, 인터넷은 물론 초보적인 네트워크도 사용치 못할 수도 있다. 또한 어떤 기관에서는 고도의 정보기술력을 활용 중에 있으며, 업무의 거의 모든 절차가 전산시스템을 통해 이루어지고 있을 수도 있다.

컴퓨터에 의한 업무처리 방식 역시 매우 다양하다. 재무관리·조세·임금관리·회계 등이 상호 연관되어 처리되는 고도로 구조화된 전산처리 방식을 도입한 조직도 있을 수 있으며, 또한 브리핑자료의 준비 내지 단순 문서의 출력에만 컴퓨터를 활용하는 기관도 있을 것이다. 매우 높은 수준의 컴퓨터 기술력을 보유한 조직의 경우에는 문서 및 메시지의 상호 교환뿐만 아니라, 웹사이트 접속이 가능한 네트워크로 연결된 컴퓨터가 모든 고용자에게 제공된다. 이러한 조직에서는 심지어 서비스를 인터넷을 통해 직접 고객에게 제공할 수도 있다.

다음의 도표 9는 서로 상이한 컴퓨터 환경에서 생산된 전자기록물을 관리함과 더불어,

이에 맞는 최적의 전략을 수립하는데 참고가 될 수 있는 사항들을 제시하였다.

네트워크상의 공유 저장공간 관리를 위한 가이드라인은 캐나다 국립기록보존소(*Managing Shared Directories and Files*) 및 호주 뉴사우스웨일즈 주립기록보존소(*Management Guidelines for Managing Electronic Documents and Directories: Managing the Message Guidelines on Managing Electronic Messages as Records*)에서 개발하였다. 이들 가이드라인에서는 위에서 언급한 내용들을 세밀히 소개하고 있으며, 아울러 네트워크상의 공유 저장공간 관리를 위한 보다 상세한 전략들을 소개하고 있다.

이들 가이드라인에 대한 보다 상세한 정보는 제6과를 참조

[연습 22]

제1과에서 이미 각자는 소속기관의 컴퓨터 환경을 파악해 보았다. 이제는 다음의 도표를 참조하여, 소속기관에 맞는 전략들을 도출해 보도록 하자.

환경	주요 고려사항	전략 예시
메인프레임 컴퓨터 이 환경에서 컴퓨터는 급여내역 처리, 증명관리, 재무회계 처리 등과 같은 일정 업무처리를 지원하는데 사용된다. 이 환경에서의 초점은 업무처리 및 업무처리를 수행하는 규칙에 있다. 시스템의 계획, 설계, 시험, 수행 및 평가에 대한 책임은 명확하게 할당되어 있다. 시스템의 구조는 단순할 수도 복잡할 수도 있다. 하지만 여기서는 항시 미리 계획된 투입과 미리 예상되는 산출이 있으며, 또한 미리 한정되어 있는 과업을 달성하기 위해 고안된 일련의 단계들이 설정되어 있다. 시스템의 설계 및 수행은 구조화된 방법론에 기반을 두고 있다.	이 환경에서 생산된 전자기록물의 관리에는 수많은 문제들이 존재한다. • 전자기록관리를 위한 책임성의 부재 • 보존기한 표준의 부재(이 시스템 환경에서는 보존기한 표준의 수립 필요성조차 인식되지 못한다. 결과적으로 보유할 필요가 없는 기록물들이 누적되어, 값비싼 저장공간만을 낭비하는 경우가 빈번히 발생하게 된다. 반대로 계속 보유해야 하는 기록물이 삭제되거나, 관련 종이기록물의 처리시기보다 앞서 폐기되는 경우도 빈번히 발생하게 된다.) • 백업 및 복구절차의 부재(시스템은 정기적인 업데이트 사이클을 지니는 관계상, 시스템에 장착된 데이터와 함께 시스템에 저장된 데이터들만 백업이 이루어지게 된다. 따라서 만일 시스템이 자연재해 내지 인재 등으로 인해 가동이 불가능하게 될 경우 원격지에 위치한 데이터들의 백업 및 저장은 어렵게 된다.) • 다큐멘테이션의 부재(시스템 매뉴얼 및 이용자 매뉴얼이 존재하지만, 이들 매뉴얼은 단편적이며 또한 갱신되지도 않는다. 결과적으로 기록물, 특히 장기적으로 보존해야 하는 기록물의 이해를 위해 필요한 정보들이 부재하게 된다.) • 표준의 부재(만일 기술상의 변화 내지 데이터가 생산·활용되는 방식의 변화상을 포착할 수 있는 전략이 부재하다면, 시스템은 운용될 수 없거나, 또는 새로운 기술단계 내지 신규시스템으로 변환시키는 비용이 너무 커서 시스템의 지속적인 가동에 장애가 된다.)	기록관리자는 앞서 설명한 문제들에 대한 답을 제시해야 한다. 아래에는 이에 대한 예시를 제시한다. • 우선 간단한 문제들부터 주지시켜야 한다. 간단한 문제들의 예는 다음과 같다. 테이프의 저장성 문제, 장기간 보존된 테이프를 되감는 방법의 부재, 백업 및 복구절차의 개발, 테이프에 저장된 데이터의 유실 현황을 점검하는 절차의 개발, 마그네틱테이프 저장을 위한 표준 수립 등. • 간단한 문제를 해결하는 선례 및 다소 복잡한 문제들에 대한 정보를 수집한다. 예를 들면, 리텐션 기간의 수립 및 적용 문제, 전자기록과 관련 종이기록과의 연계문제, 처리절차(데이터 및 매체)의 수립, 구 테이프로부터 신규 테이프로 데이터를 복사하는 절차 및 표준수립 문제 등에 대해서 말이다. • 마지막으로 보다 복잡한 문제들을 주지시킨다. 예를 들면 다음과 같다. 전자기록물의 진본성 및 신뢰성 확보를 위한 표준 수립, 리텐션기간 및 기록보존 연한 관련 법규를 시스템에 반영시키는 문제, 기술의 노후화에 따른 마이그레이션 전략 수립 등. 일부 국가의 국립기록보존소 및 기타 기록관리기관에서는 메인프레임 컴퓨터 환경에서 레코드키핑을 수행시키는 경험을 축적하고 있다. 이에 대해서는 제6과의 관련 참고문헌 및 웹사이트를 참고하기 바란다.

도표 9 : 컴퓨터 환경에 따른 전략 예시

환경	주요 고려사항	전략 예시
개인용 컴퓨터 이 환경에서 PC는 일부 직원의 책상 위에 설치되어, 이들의 업무수행을 지원하게 된다. PC는 아직 네트워크화되지도 또한 인터넷에 연결되지도 않는다(비록 PC중 일부는 모뎀을 통해 이메일에 대한 제한된 접속이 가능할 수 있으나, 이 또한 각기 개별적으로 이루어지는 수준이다). 이 단계에서 컴퓨터의 목적은 수발신문서 내지 보고서와 같은 문서작성이 주를 이룬다. 재무정보 관리를 위해 초보적인 수준의 데이터베이스 역시 구축될 수도 있지만, 이들 정보의 주요 출처는 종이기록물을 통해 얻은 것들이다.	PC 이용자는 자신의 PC내 디렉토리 및 파일 관리방법을 가이드를 통해 얻을 수 있다. 캐나다 국립기록보존소 및 호주 뉴사우스웨일즈 주립기록보존소와 같은 기관에서는 이러한 가이드를 개발하였다. 이러한 가이드는 검색의 효율화 및 문서의 보안문제뿐만 아니라 처리일정의 효과적 운영을 위해 고안된 것이다. 아울러 PC 이용자가 현재 직면하고 있는 기록물 누적의 문제를 완화시킬 수 있는, 기록관리의 중요성을 인식시키기 위한 방안이기도 하다.	현재 개발되어 있는 가이드를 축약하여 간단한 매뉴얼을 만들면, 매우 경제적으로 PC 이용자들에게 기본적인 사항들을 제공해 줄 수 있다. 이에 대한 예시는 다음과 같다. • 하드드라이브에 저장되어 있는 전자적 정보를 백업하는 방법 • 디렉토리의 구축 및 디렉토리내 파일표제를 부여하는 표준을 수립하는 방법 • 전자적 정보를 저장하고 있는 플로피디스크 및 기타 매체를 보호하는 방법 • 각종 문서의 작성을 위한 템플릿을 개발하는 방법 • 전자적 정보를 불법적인 접근이나 삭제 행위 등으로부터 보호하는 방법 • 종이기록물과 전자기록물의 파일링 구조를 일치시키는 방법

도표 9 : 컴퓨터 환경에 따른 전략 예시(계속)

환경	주요 고려사항	전략 예시
네트워크 컴퓨터 이 환경에서 네트워크는 PC상에서 수행되는 업무를 지원하기 위해 사용되며, 또한 간단하면서도 첨부물도 지니지 않는 전자메시지의 전송에도 활용된다. 하지만 인터넷에 대한 접속은 아직 이루어지지 않는다.	이 환경에서는 네트워크화된 PC상에 저장되어 있는 전자적 정보의 관리문제에 초점을 맞추어야 한다. 문서는 생산되어 여전히 종이에 출력됨을 감안할 때, PC 이용자에게는 종이파일의 관리방식과 더불어 컴퓨터상의 디렉토리 및 파일 관리기법(앞의 PC단계 참조)을 알려주어야 할 필요가 있게 된다. 이에 더해 이메일 메시지의 관리에도 주의를 기울여야 하며, 이중 중요한 내용을 담고 있는 메시지를 선별하여 종이출력물로 관리하는 기법 역시 고안해야 할 필요가 있다.	이 단계에서 이메일시스템은 일반 소프트웨어 상점에서 쉽게 구매할 수 있는 것으로, 레코드키핑시스템과는 거리가 멀다는 사실을 인식해야 한다. 만일 이메일을 보안장치를 갖춘 중앙시스템으로 전송하여 전자기록물로서 관리할 능력이 부재하다면, 중요 이메일을 선별해 종이로 출력하여 이를 기존의 파일링체계 속에서 관리할 수 있는 방법을 개발해야 할 것이다. 이러한 방법의 개발시 기록관리자는 우선적으로 이메일을 관리하는 방식과 더불어, 중요 이메일을 종이로 출력하여 관리해야 한다는 사실을 이용자들에게 주지시킬 필요가 있다. 캐나다 온타리오주립기록보존소의 가이드라인에서 발췌한 다음 사항들은 도움이 될 것이다. • 이메일 저장방식을 결정하라. 전자시스템은 종이기록물 체계보다 검색이 용이함을 감안해 볼 때, 가능하다면 중요 이메일은 전자적으로 저장하도록 해야 한다. • 만일 전자기록물의 장기적 저장이 시스템 내에서 불가능하다면, 이를 종이에 출력하여 기존의 파일링체계 속에서 관리해야 한다. 아울러 발송자, 수신자 및 전송시간은 별도로 출력하여 해당 이메일과 함께 관리해야 한다. • 보존용 이메일시스템 백업테이프에 전적으로 의존해서는 안된다. 백업테이프는 규칙적인 활용을 위한 것이 아닌, 장기 보존용이기 때문이다. 이메일을 별도의 폴더에 전자적으로 저장하는 습관을 기르도록 하며, 주기적으로 불필요하게 된 이메일은 삭제토록 해야 한다. • 이메일 소프트웨어의 변화시, 저장된 이메일을 신규시스템으로 이전시켜야 한다. 만일 이메일 이전이 신규시스템에서 가능하지 않다면, 전자기록물 보존상의 표준 포맷에 저장하든지 아니면 이를 출력해 기존의 파일링체계에 편입시키도록 해야 할 것이다.

도표 9 : 컴퓨터 환경에 따른 전략 예시(계속)

환경	주요 고려사항	전략 예시
보다 진전된 네트워크화 단계 이 환경에서는 전자 메세지가 보다 정교해진다(중요한 의사 결정 및 업무내용이 송수신되며 첨부문서의 교환 또한 가능해진다). 이용자는 인터넷에 접속할 수 있으며, 무엇보다 업무수행에 필요한 자료들의 공유가 가능해진다. 중요 의사결정을 문서화한 기록물은 계속 생산되며, 일정 업무그룹 내의 구성원들은 종이기록물 환경에서보다 더 활발하게 각자의 의견을 개진하게 된다. 문서는 업무그룹 내지 조직 전체의 구성원들이 공유하는 서버공간에 저장되며, 각 개인의 디스크에 개별적으로 저장할 수도 있다. 전자적 업무공간에서 생산·접수된 정보들은 구성원 모두의 활용이 가능한 정보군을 이루게 된다.	이 환경에서는 초점이 이용자 각각의 하드디스크에서 업무그룹이 공유하는 가상의 서버공간으로 이동하게 된다. 기록물은 전자적으로 생산되게 되며, 이들 기록물을 서버공간에서 전자적 형태로 관리해야 할지 말지를 결정하게 된다. 이 환경에서는 어떠한 종류의 기록물들이 파일서버에서 관리되고 있으며 또한 어떠한 종류의 기록물들이 개인 PC의 하드디스크에서 관리되는지를 파악한 후, 파일서버에 저장될 필요가 있는 기록물들을 식별해 내야 한다. 전형적으로 네트워크는 다음과 같은 목적을 위해 사용된다. ● 문서의 작성 ● 문서의 수정 ● 타문서에 포함된 표준문구 복사 ● 문서의 출력 ● 타자와의 정보 교류 ● 문서의 가독 ● 표준서식의 이용	첫 번째 단계는 파일서버상의 공유공간이 하나의 레코드키핑시스템으로써 사용이 가능한지를 판단하는 것이다. 서버공간은 보안상 안전한가? 서버공간에 저장된 문서는 유실이나 삭제행위로부터 보호받을 수 있는가? 다음과 같은 레코드키핑시스템상의 핵심 요건들을 충족시키는지 조사해 보도록 하자. ● 종이기록물이건 전자기록물이건 상관없이, 모든 기록물은 단일화된 기록물 분류체계로의 편입이 가능해야 하며, 아울러 편입은 용이하게 수행될 수 있어야 한다. ● 시스템으로의 불법적인 접근 차단 등 보안체계가 장착되어야 한다. ● 기록물의 기능분류체계는 직원들이 수행하는 업무기능에 친숙하게 수립되어야 한다. ● 기록물의 처리일정을 신속하면서도 정확하게 수행할 수 있는 절차들이 마련되어야 한다. ● 키워드(keyword) 용어체계가 개발되어야 하며, 아울러 시스템내에는 기록물의 검색을 지원하는 기능이 탑재되어야 한다. ● 모든 기록물의 위치 및 이동상황은 추적이 가능해야 한다. ● 기록물의 이용 및 처리현황에 대한 통계와 보고서가 생성될 수 있어야 한다. 만일 위와 같은 요건들을 충족시키지 못한다면, 직전의 '네트워크 컴퓨터' 단계에서 제시한 전략적 방안들(예: 종이에 출력하여 기존의 파일체계에 병합)을 강구해야 할 필요가 있다. 그리고 위의 요건들을 충족시킨다면, 다음의 '고도의 네트워크화' 단계에서 제시하고 있는, 하나의 완전한 레코드키핑시스템으로 발전시킬 방안을 상정해 보도록 한다. 어떠한 경우든지 기록관리자는 이용자들에게 공유공간에서 정보를 관리하는 방안에 대해 소개해야 할 책임이 있다.

도표 9 : 컴퓨터 환경에 따른 전략 예시(계속)

환경	주요 고려사항	전략 예시
고도의 네트워크화 이 환경에서 네트워크는 완전한 업무처리 자동화를 지원하기 위해 이용된다. 문서는 자동화된 환경에서 생산·유통·검토·승인되게 된다. 파일서버는 다수에 의해 공유되는 문서로부터 참고정보 및 조직의 업무를 지원하는 데이터베이스(외부의 제3자도 이용가능)에 이르기까지, 다양한 유형의 정보를 저장하는데 활용되는 정교화된 저장소의 역할을 수행하게 된다.	이 환경에서는 의사결정 및 업무의 수행과정에서 생산되는 기록물이 종이보다는 전자적 형태로 산출된다. 구조화된 업무기능 및 처리절차는 정보가 어떠한 흐름을 따라 유통되며 또한 이 과정에서 어떠한 기록물이 산출되는지를 보여주는 근거가 된다. 일부 조직의 경우에는 업무상의 중요 기록물들을 종종 잃어버리게 된다. 이는 전자적 형태로 생산·유통되는 기록물들을 파일서버상의 위험공간에 저장해 놓았기 때문이다. 이로 인해 조직의 기능 및 활동과정 중에 산출되는 모든 기록물들을 포착, 유지시키는, 보다 정교한 해결방안을 강구하는 경향이 날로 증가해가고 있다.	전자기록물에 대한 조직의 의존도가 증가하는 상황에서, 단순히 기술적 해결책만을 소개하는 것으로는 충분치 않다. 기록물에 대한 책임성은 명확하게 할당되어야 하며, 관련 정책 역시 수립되어야 한다. 또한 레코드키핑상의 규범들은 업무규범 속으로 통합되어야 하며, 직원들은 전자적 환경 내에 레코드키핑 관련 인프라를 수립할 수 있도록 훈련받을 필요가 있다. 이 환경에서는 앞선 '보다 진전된 네트워크화' 단계에서 설명한 레코드키핑상의 핵심 요건을 충족시키는, 하나의 완전한 레코드키핑시스템을 수립해야 할 필요가 있다.

도표 9 : 컴퓨터 환경에 따른 전략 예시(계속)

요약

이번 과에서는 전자기록관리체제의 수립과 관련된 체제 차원의 문제들을 검토해 보았다. 여기서는 전자기록관리체제의 수립에 앞서, 아래와 같은 사항들에 대해 철저히 해야 할 필요성이 있음을 강조하였다.

- 관련 이해당사자들 및 이들의 요구
- 전산시스템 및 기생산된 전자기록물
- 인적 자원, 예산, 시설 및 장비 등 전자기록관리 수행을 위한 기관의 가용능력

이어 전자기록관리체제 수립을 위한 전략들을 고찰하였다. 여기서는 우선 일반적으로 구분되고 있는 컴퓨터환경을 검토한 다음, 각각의 컴퓨터환경에 따른 전략적 방안들을 도출하였다.

학습과제

1. 요구부응 평가(needs assessment)가 이루어져야 하는 주요 영역은 무엇인가?

2. 왜 가용성 평가(capacity assessment)는 수행되어야 하는가?

3. 왜 개인 단독으로는 전자기록관리에 요구되는 모든 기술들을 지닐 수 없는가?

4. 전자기록물을 위한 적정 환경적 조건들을 설명해 보도록 하자.

5. 온도와 습도에 의해 발생하는 요동화 현상은 왜 피해야 하는가?

6. 저장공간과 작업공간 사이의 환경적 조건 변화를 방지하기 위해서는 어떠한 절차들이 도입되어야 하는가?

7. 전자기록관리에서 시설이 지닌 두 가지의 근본적인 의미는 무엇인가?

8. 왜 전자기록관리상 컴퓨터장비의 관리는 중요한 위치를 차지하는가?

9. 현재 세계 각국의 정부조직들에서 운영 중에 있는 세 가지 주요 컴퓨터 환경은 무엇인가?

10. 메인프레임 컴퓨터환경을 위한 전략을 제시해 보자.

연습: 조언

연습 17 - 22

이번 모듈에 제시된 모든 연습문제들은 소속기관에서 당면하고 있는 현행 전자기록관리상의 문제들을 본 모듈상의 내용들과 비교, 검토해 볼 수 있도록 고안된 것이다. 각 연습문제들에 대한 나름의 답을 작성한 후, 본문 중에 제시된 내용들과 세밀히 비교해 보도록 하자.

전자데이터의 구성요소와 기록관리 프로그램

이번 과에서는 전자기록관리의 수행에 필수적인 몇 가지 기본적인 활동들을 소개하고자한다. 여기서는 지난 수십 년간 수행되어 온 데이터세트의 관리방법론으로부터, 레코드키핑요건을 전자시스템을 통해 구현시키는 최근의 전자레코드키핑시스템에 이르기까지 거스르며 논의를 진행시키도록 하겠다.

> *이번 과의 논의들에 대한 보다 상세한 정보는 다음의 문헌자료들을 참조하기 바란다. National Archives and Records Administration, Electronic Records Management; Public Record Office, Management, Appraisal and Preservation of Electronic Records: Standards for the Management of Government Records; National Archives of Canada, C-12 Central Procedures in Electronic Form in CARDD(draft 5: June 1, 1998); Margaret L. Hedstrom, Archives & Manuscripts: Machine-Readable Records. 보다 풍부한 참고자료들은 제6과를 참조*

앞선 3과에서는 전자기록관리의 전략적 방향을 도출하기 위한 기초로 전자기록관리상의 제반 문제들에 대해 검토하였다. 전자기록관리가 성공적으로 수행되기 위해서는,

- 정부영역내 전략적 위치를 차지해야 한다.
- 조직의 현 업무자동화 단계 및 레코드키핑시스템의 수준, 그리고 기존의 기록관리체제에 대한 철저한 분석이 전제되어야 한다.
- 조직의 현재 상황 및 향후 나아가야 할 목표를 고려하며 적절한 전략을 창출해야 한다.

> *대부분의 조직에서는 전자기록물의 관리시 아직도 데이터베이스를 대량으로 처리해야 하는 문제에 직면하게 된다.*

비교적 이른 시기부터, 데이터세트 중의 일부는 연구상의 이용가치를 지니며 따라서 항구

적으로 보존될 필요가 있다고 논의되어 왔다. 이로 인해 기록관리전문가 및 정보기술전문가들은 수십 년전부터 데이터세트를 무결성을 확보하며 보존하는 방안을 개발해오게 되었다.

대부분의 조직에서는 아직도 상당량의 데이터베이스 자료들을 관리하고 있으며, 전자기록관리상의 주요 결정들은 데이터세트를 기준으로 이루어지고 있다.

데이터세트(*dataset*) : 하나의 단위로서 조직화되어 관리되는, 연관된 전자기록물의 그룹. 데이터파일이란 용어로도 칭한다.

가령, 1990년대 후반 탄자니아의 교육부에서는 국립학교 및 여기에 근무하는 교사들에 대한 상세정보들을 저장하기 위해, 휴대용 컴퓨터에 설치될 수 있는 FoxPro란 데이터베이스를 사용하였다. 여기에 저장된 정보들은 초등학교 및 중학교의 예산편성 및 분배와 더불어, 교사들의 재교육 및 감원정책을 수립하는데 긴요하게 활용되었다. 이러한 데이터베이스는 이후 사회과학자 및 교육사 연구자들이 큰 관심을 지니게 되었다. 이는 왜 기록관리자들이 데이터세트의 보존에 주력해야 하는지를 잘 설명해주는 사례라 할 수 있다.

한편 다른 종류의 전자기록물들은 최근에 들어서야 그 항구적 가치를 인정받게 되었다. 예를 들어 보자. 이메일 소프트웨어는 1980년대 중반부터 행정부서에서 사용되어 왔지만, 이메일 파일에 대한 평가를 시작한 것은 불과 몇 년 전부터의 일이다. 그 이전까지 이메일은 생성년도가 너무 짧기 때문에 평가할 가치가 없다거나, 혹은 종이기록물만이 '원본'이며 전자파일은 편의를 위해 만들어진 사본에 불과하다는 인식이 팽배해 있었다. 하지만 이후 기록관리자들은 라이프사이클의 생산단계 내지 그 이전단계부터 전자기록의 통제가 시작되어야 함을 인식하게 되었고, 결과적으로 보다 복잡한 유형의 전자기록물들에도 관심을 기울이게 되었다.

> 기록관리자들은 데이터베이스에 비해 보다 더 복잡한 유형의
> 전자기록물 관리에도 관심을 기울이기 시작하였다.

전세계의 기록관리자들은 전자레코드키핑시스템을 위한 메타데이터 요건 개발과 같은 분야로 관심의 초점을 돌리고 있다. 하지만 이러한 관심은 아직 전자기록관리상의 실무적 적용과는 다소 동떨어진 이론적 논의 수준에 머무르고 있다. 실무적 경험을 축적한 데이터세트의 경우와는 달리, 세계 각국의 기록보존소에서 실제 수행된 노하우는 소량의 워드프로세싱 파일을 제외하고는 거의 없다. 여타 기관이 참고할만한 가이드라인 역시 거의 제출되지

않았다. 이 분야에 관한 저작 대부분은 실제 적용 및 입증과정을 아직 거치지 않은 이론적 연구에 바탕을 둔 것이다. 따라서 이번 과에서는, 본 모듈의 성격을 감안해 그동안 실무적으로 입증되어 온 데이터세트의 관리 위주로 설명해 나갈 것이다. 하지만 최근의 이론적 연구들 역시 머지않아 성공적으로 적용될 것이며, 나아가 최선의 실무로 자리매김할 것이라는 점을 잊어서는 안된다.

가령 이번 과에서는 데이터 및 데이터세트의 다큐멘테이션 상태를 확인하는 절차에 대해 설명하게 된다. 이러한 절차는 본질적으로 하이퍼링크를 포함하는 텍스트파일 그룹을 확인하는 방식과 동일하다. 즉 여기에는 텍스트의 가독이 가능한지, 모든 문자들이 제대로 표현되는지, 하이퍼링크는 작동하는지 등에 대한 확인이 이루어지게 된다. 또한 전자문서와 관련된 모든 다큐멘테이션 상태가 완전한지를 체크하게 된다.

전자기록관리를 구성하는 업무기능들은 다소 복잡하고 난해해 보일 수도 있지만, 실제로는 거의 매한가지이다. 단 전자기록관리의 성공적 운영을 위해서는 관련 정책, 특히 이관관련 정책과 긴밀한 연대관계를 형성해야 한다. 앞서 제3과에서는 정책수립 문제에 대해 논의하였으며, 이관 요건에 대해서는 본 과의 후미에서 살펴보도록 하겠다.

이번 과에서는 각 조직이 보유하는 시스템을 현행시스템과 구형시스템으로 양분하여 논의를 전개토록 하겠다.

현행시스템(*current system*) : 조직이 현재 사용 중에 있는 정보시스템

구형시스템(*legacy system*) : 교체 내지 재설계에 고비용이 소요되는 이유로 인해 조직에서 계속해서 사용하고 있는 구 시스템

구형시스템이 지니는 의미는 신형시스템에 비해 처리능력이 뒤떨어짐에도 불구하고, 그동안 상당량의 비용 및 시간을 여기에 투여해 왔다는데 있다(만일 구형 소프트웨어가 이미 사양화된 하드웨어서만 가동된다면, 이를 유지하는데 드는 비용은 하드웨어 및 소프트웨어를 바꾸는 비용보다 더 소요될 것이다. 일부 최신형 소프트웨어들이 지닌 중요한 특징 중 하나는 구형시스템의 데이터들을 판독할 수 있는 성능이다).

> 대부분의 기록관리체제에서는 현행 전자시스템과
> 구형 전자시스템이 병존한다.

전자기록관리의 목표는 전자기록물을 행정적 활용도를 지니는 기간 동안, 또는 영구기록

물로 선별된 경우에는 항구적으로 보존하는데 있다. 이를 감안할 때 전자기록관리를 위해서는 현행시스템 및 구형시스템에 대한 논의와 더불어, 향후 개발될 필요가 있는 미래의 시스템까지 충분히 고려해야 할 필요가 있다.

전자기록물을 장기간 보존하기 위해서는 실제 기록물이 생산되기 전인 시스템의 계획 및 설계단계에 레코드키핑 요건들을 반영시켜야 한다. 하지만 기록관리자들은 신규시스템의 개발에서 배제되는 경우가 흔하다. 이를 감안할 때 신규시스템의 설계시 기록관리 요건들이 충분히 고려될 수 있도록, 조직내 기록관리의 필요성을 진작시킬 필요가 있다고 할 수 있다.

이번 과의 말미에서는 기록관리상의 고려사항들을 시스템 개발의 적정 단계와 관련지어 논의하였다. 앞서 3과에서는 레코드키핑의 중요성을 고위관리자층에게 인식시키는데서 나타나는 다양한 이슈들을 살펴보았다.

> 레코드키핑 요건은 기록물이 생산되기 전인 시스템의 계획 및
> 설계단계시부터 반영되어야 한다.

넓은 의미에서 볼 때, 전자기록물을 관리하는데 요구되는 활동들은 종이기록물을 관리하는데 요구되는 활동들과 매우 유사하다고 볼 수 있다. 이러한 점은 매우 중요한 의미를 지닌다. 전자기록관리체제는 종이기록물에 토대를 둔 기존의 기록관리체제를 보완해야 하는 역할을 담당해야 하기 때문이다. 이번 과에서 논의한 관리영역은 다음과 같다.

- 인벤토리 작성
- 처리일정 수립
- 평가
- 접근 및 처리
- 보존 및 유지
- 기술
- 접근성 제공

> 전자기록관리체제는 종이기록물에 기반을 둔 기존의
> 기록관리체제를 보완하는 역할을 담당해야 한다.

I. 인벤토리 작성

레코드키핑 인벤토리는 전자기록물을 식별하고 조직화시키는데 사용된다. 인벤토리 작성에는 레코드키핑시스템에 대한 정보를 수집하고 관리하는 활동이 포함된다. 인벤토리 작성은 전자기록물 처리과정의 첫 번째 단계라 할 수 있다.

인벤토리는 일반적으로 기록관리체제를 개발하고 개선시키는데 기초를 제공한다. 인벤토리는 물리적 형태에 상관없이, 시스템과 관련된 모든 데이터 및 기록물에 대한 정보를 포함해야 한다.

완벽한 인벤토리에는 다음과 같은 사항들이 포함되어야 한다.

- *시스템 명칭* : 일반적으로 사용되는 시스템의 명칭 및 그 약어를 가리킨다.
- *시스템 통제번호* : 시스템의 구분, 통제 등을 위한 목적으로 시스템에 부여된 내부 통제번호를 의미한다.
- *시스템이 지원하는 기관 프로그램* : 이것은 시스템과 관련된 기관 프로그램 내지 사명을 설명함과 아울러, 프로그램 및 사명의 근거가 되는 관련 법령 내지 지침을 제시하는 것이다. 여기에는 또한 기관명·주소·전화번호와 더불어 프로그램 및 시스템에 대한 추가정보를 제공하는 자의 정보 역시 포함된다.
- *시스템 목적* : 시스템이 제작된 이유 및 주기능을 가리킨다.
- *데이터 투입 및 소스* : 원 데이터의 투입소스 및 데이터의 제공자를 설명한다.
- *주요 산출* : 시스템이 처리하는 주요 산출물 및 처리횟수를 의미한다.
- *정보내용* : 주요 처리대상, 데이터 범위, 시간간격, 지역범위, 업데이트 주기 및 기타 시스템의 주요 특성들을 가리킨다. 또한 초과 정보의 유지 여부와 더불어 마이크로데이터(요약되어 있지 않은 원 데이터) 내지 매크로데이터(마이크로데이터의 요약 데이터)의 포함 여부 등을 제시한다.
- *하드웨어/소프트웨어 환경* : 정보를 생산·관리·처리하는 컴퓨터시스템 및 이에 사용되는 소프트웨어를 가리킨다.

- **시스템 관리자** : 시스템을 관리하는 자 내지 시스템 및 시스템이 지원하는 프로그램에 대한 추가정보를 제공하는 자의 성명, 전화번호, 지위 등을 나열한다.
- **파일을 읽고 이해하는데 필요한 다큐멘테이션의 위치** : 코드북(code book) 및 파일 레이아웃(file layout)이 유지되는 곳을 기록한다. 이것은 위의 다큐멘테이션을 종이에 출력하여 보존하는 책임을 지닌 자의 성명, 사무실 주소, 진화번호 또한 포함하며, 전산방식 형태로 저장되는 다큐멘테이션을 식별하고 위치를 배열시킨다.
- **접근 및 이용 제한** : 이것은 국가 안보, 사생활 보호 및 기타 목적을 위해 불법적인 접근 내지 이용을 제한시키는 것을 의미한다.
- **처리일정에 따른 정보의 처리** : 예를 들어 '영구보존'과 같은 처리결정 사항을 가리킨 다. 만일 어떠한 처리일정도 규정되어 있지 않다면, 인벤토리에는 '처리일정 없음'으로 명시한 후 여기에 합당한 처리일정을 추천토록 해야 한다.
- **처리지침 인증** : 이것은 시스템에 저장된 기록물들에 대해 처리일정 및 아이템 번호를 부여하는 것이다. 또한 투입서식, 프린트아웃, 산출보고서 등과 같은 시스템 구성요소 의 처리를 승인하는 처리일정과 더불어 아이템 번호를 나열하게 된다.
- **동일 정보를 저장하고 있는 저장매체의 위치 및 수량** : 이것은 시스템 내에 보관된 것과 동일한 정보를 저장하고 있는 마그네틱테이프 내지 디스크 등의 위치를 가리킨 다. 또한 이들 매체의 수량 및 저장용량을 함께 명시한다.
- **관련 시스템** : 이것은 현 시스템과 관련된 여타 시스템들을 명시한다(가령 A시스템의 데이터베이스는 B시스템에 저장된 정보들로부터 생성됨).
- **인벤토리 작성자의 식별 정보** : 성명, 사무실 주소, 전화번호, 지위 등을 명시한다.
- **일자** : 인벤토리가 작성된 일자를 가리킨다.

기록관리자는 전산시스템 내의 데이터 및 기록물을 점검할 필요가 있다. 하지만 이들이 항시 전자기록물들을 적접 점검하는 것이 허락되지도 또한 점검할 능력도 있는 것은 아니며, 시스템 관련 직원의 협조가 필요한 경우도 빈번히 발생하게 된다. 이를 감안할 때 기록관리 자는 전자기록물의 점검을 위해 시스템 관계자와 긴밀한 협력관계를 유지해야 할 필요가 있다고 할 수 있다.

> 인벤토리는 일반적으로 전자기록관리체제를 개발하고
> 개선시키는데 기초를 제공한다.

> **[연습 24]**
>
> 소속기관의 현행시스템 중 하나를 선정하여 그 안에 저장되어 있는 전자기록물의 상세목록을 작성해 보도록 하자. 이를 위해서는 전산관련 담당자의 승인이 필요함을 주의토록 해야 한다.

2. 처리일정 수립

인벤토리 작성 후, 기록관리자는 시스템 내의 정보들에 대해 공통처리일정표에 제시된 처리지침을 적용시킬지 여부를 결정해야 한다. 예를 들어 공공영역의 회계기록들은 종종 공통처리일정표에 의해 관리된다. 이러한 처리일정 도구들, 특히 처분과 관련된 사항은 관련 법령에 근거하고 있음을 명심해야 한다.

첫 번째로 내려져야 할 결정은 전자기록물을 전자적 형태로 유지해야 하는지 또는 종이에 출력해야 하는지 여부이다. 처리일정표에는 이에 대한 결정사항이 명시되어야 한다. 전자기록물을 보존할 시설 및 인력을 구비하지 못한 조직의 경우에는 워드프로세스 문서 내지 이메일을 종이출력물로 관리하는 것이 바람직할 것이다. 이를 위해서는 물론 조직내의 모든 구성원들이 전자기록물을 종이에 출력하여 관리하는 자세를 견지토록 해야 한다.

이러한 경우 전자기록물을 종이에 출력한 다음, 더 이상 수정사항이나 활용도가 없을 경우 즉시 삭제토록 해야 한다. 아울러 이를 감시하고 평가하는 제도적 장치 역시 마련되어야 할 필요가 있다.

만일 특정 전자기록물이 일정 기간 후 폐기로 평가되었다면, 이를 완전하게 폐기하는 방법 역시 고안되어야 한다. 이것은 특히 비밀로 분류된 기록물의 경우에는 더욱 중요하다. 이 경우 삭제된 파일이 복원되는 것을 방지하기 위해 디스크 내지 테이프 전체를 삭제토록 해야 할 것이다. 가능한 경우, 기록관리자는 비밀로 분류된 전자기록물을 완벽하게 폐기시키는 방법의 습득을 위해, 조직내 정보보안전문가와 상의해야 할 필요가 있다.

전자기록물의 처리를 위해서는 우선적으로 아래와 같은 사항들을 확인해 볼 필요가 있다.

- 해당 정보는 어떠한 정부 프로그램을 지원하는가?
- 프로그램의 근거가 되는 관계 법령 내지 규칙은 무엇인가?
- 정보시스템이 수행하는 기능은 무엇인가?

- 시스템내 데이터의 출처는 무엇인가?
- 시스템 내에는 어떠한 정보(예: 업데이트 주기, 정보범위 등)들이 내재되어 있는가?
- 시스템은 어떠한 보고서 및 산출물들을 생산하는가?

기록관리자는 또한 시스템 명칭 및 약어 등과 같은 여타 정보들을 필요로 하게 된다. 이러한 정보 대부분은 전자기록물의 인벤토리에 포함되어야 할 것이다.

전산시스템 내의 정보들에는 합리적으로 처리일정을 부여해야 한다. 처리일정을 부여해야 하는 대상은 다음과 같다.

- 시스템 내에 포함된 데이터세트 및 파일
- 종이 투입물 및 산출물
- 시스템에서 생산·활용되는 처리파일, 서브세트(subset) 및 특수 포맷파일(서브세트는 각 요소들이 서로 다른 데이터세트의 부분을 형성하는 하나의 데이터세트이다.)
- 시스템 자체 및 그 안에 포함된 데이터들을 설명해주는 다큐멘테이션

처리지침은 전체 시스템을 형성하는 구성요소 각각에 부여되어야 한다. 영구보존 대상으로 선정되었지만 3~5년 이내에 기록보존소로 이관되도록 처리일정이 책정되지 않았다면, 기술요소 평가(technical appraisal)는 이관시기 직전까지 가급적 연기해야 할 필요가 있다. 이는 컴퓨터 기술의 변화 속도가 너무 빨라, 초기의 기술요소 평가는 이관시기에 이르면 아무런 의미가 없어질 가능성이 크기 때문이다. 시스템에 취해진 모든 변화들 역시 그 시점까지 파악해 놓아야 함은 물론이다.

일단 전자레코드키핑시스템 내에 데이터를 어느 정도 보관해야 하는지가 결정되면, 각각의 시스템 구성요소들에 대한 구체적인 보존기간이 부여되어야 한다. 이러한 구성요소들에는 시스템에 대한 다큐멘테이션뿐만 아니라, 매체에 상관없이 모든 투입 및 산출물들이 포함된다. 처리지침은 조직내 다양한 정보적 필요들을 충분히 수용하며 수립되어야 한다. 법령상의 관련 규정들 역시 처리지침에 반영되어야 함은 물론이다. 해당 정보는 언제 기관 내에서의 활용가치를 잃게 되며 이후 어떠한 조치를 취해야 하는지를 주지시키기 위해, 처리는 업무담당자들과의 협력 속에 수행될 필요가 있다.

> 종이기록물과 마찬가지로 전자기록물 역시
> 처리일정을 부여해야 한다.

3. 평가

여기서는 주로 통계데이터베이스를 위주로 한 데이터세트의 평가문제를 다루고자 한다. 데이터세트는 현재에도 기록보존기관들이 처리해야 하는 대량의 전자기록물 유형이다. 문서 형식의 전자기록물에 대한 평가원리 역시 이와 유사한 방식을 취해야 할 것이다.

평가에 대한 보다 상세한 논의는 『기록물 평가시스템』
(Building Records Appraisal Systems) 을 참조

종이기록물과 마찬가지로, 전자기록물 대부분은 항구적으로 보존할 가치를 지니지 않는다. 지속적인 보존이 요구되는 기록물은 다음과 같은 것들이다.

- 기관의 본질적인 핵심 기능을 문서화한 기록물
- 인물, 장소, 사물 및 사건에 대한 중요하면서도 유일한 정보를 함유하고 있는 기록물
- 다른 영구기록물에 대한 검색 · 접근을 제공하는 기록물

항구적 가치를 지닌 전자기록물 및 데이터 선별은 복잡한 과정을 거치게 된다. 평가는 내용분석(증거적, 정보적 가치의 판단)과 기술요소 분석(데이터를 활용할 수 있도록 하는 기술방식 판단)으로 구성된다. 이러한 평가의 결과는 어떠한 기록물을 조직의 시스템으로부터 기록보존기관으로 이관하게 되는지 결정하는 것이라 할 수 있다.

기록관리자는 여타 매체의 평가와 같은 방식으로 컴퓨터 파일내의 정보들을 평가한다. 이들은 데이터의 출처 및 현용상태, 정부기능 · 정책에서의 중요도 등을 고려하며, 증거로서의 가치를 판단하게 된다.

일반적으로 볼 때, 전자기록물의 5% 이하만이 지속적인 가치를 지닌다. 하지만 어떤 측면

에서 볼 때 전자적 정보는 종이 내지 마이크로필름에 저장된 정보에 비해 보다 높은 연구적 가치를 지닌다고 할 수 있다. 왜냐하면 엄청난 양의 정보 수용이 가능하기 때문이다.

일단 지속적인 가치를 지닌 기록물이 선별되면, 다음 단계에서는 이들을 전자적 형태로 보존할지를 결정해야 한다. 이러한 결정은 컴퓨터를 통해 데이터를 처리할 필요가 있는지 여부에 따라 좌우된다. 예를 들어, 컴퓨터 처리기술은 대용량의 데이터를 취급하는데 매우 높은 활용가치를 지니고 있다. 한편 컴퓨터 처리기술이 불필요한 경우, 특히 이를 위한 인적 물적 자원이 결여된 경우 기록관리자는 종이 내지 마이크로필름에 보존토록 권고할 필요가 있다.

일부 기록물은 출력이 그리 용이하지 않다. 다차원문서(multi-dimensional document)가 그 사례이다. 다차원문서는 컴퓨터 스크린 및 종이에 다양한 방식으로 표현이 가능하기 때문이다. 예를 들어, 스프레드시트는 수치와 공식으로 표현될 수도, 혹은 그 연산결과로 나타낼 수도 있다. 이 양자는 모두 하나의 기록물을 형성하는 부분들이다. 멀티미디어문서는 아예 출력이 불가능하다.

소프트웨어가 보다 더 정교해져감에 따라, 텍스트 문서에 이미지나 음성을, 프리젠테이션에 디지털 사운드나 동영상을 그리고 다차원문서에 3차원 그래픽이나 시뮬레이션 등을 추가시키는 경향이 보편화되어가고 있다. 이에 따라 이들 문서의 종이 출력 역시 점점 더 어려워지고 있다. 아울러 데이터베이스가 지닌 엄청난 양을 감안해 볼 때, 이를 종이에 출력한다는 것은 어쩌면 무모한 발상일지도 모른다.

만일 기록물이 전자적 형태에서만 지속적인 가치를 지니게 된다면, 기록관리자는 이의 보존을 위한 최선의 방책을 강구하기 위해 기록생산자 및 시스템담당자와 긴밀한 협력관계를 형성해야 한다. 기술분석 역시 수행될 필요가 있다. 기술분석에서는 파일 및 데이터, 매체, 기타 전자기록물의 기술적 특성을 파악함으로써 전자기록물을 이관해 보존시킬 수 있는 방안을 강구하게 된다.

기술분석은 기록보존기관으로의 이관을 위해 기록물이 석출될 수 있는 시스템 라이프사이클상의 시점을 확인시켜준다. 또한 이관된 전자기록물의 판독에 필요한 기술 다큐멘테이션의 요건들을 수립해준다. 기록관리자는 전자기록물이 이관·보존·검색 등에 지장을 초래할 수 있는 소프트웨어 내지 시스템 의존형 기록물인지 여부를 파악해야 한다. 전자기록물과 관련된 난해한 기술적 문제들은 IT 전문가에게 자문을 구해야 할 것이다.

> 전자기록물은 모든 유형의 기록물에 적용될 수 있는 범주에서 평가되어야 할 뿐만 아니라, 또한 전자기록물만의 고유 특성을 반영해 평가되어야 한다.

아래에서는 전자기록물의 평가시 감안해야 할 사항들에 대해 설명토록 하겠다.

통합성의 수준

종이기록물 환경의 경우, 요약문이나 각종 통계보고서는 문서기반 기록물을 보존하는데 선호되는 양식이었다. 이는 마이크로데이터에 비해 내용파악이 용이할 뿐만 아니라 기록물이 차지하는 부피도 작기 때문이다(마이크로데이터는 사안, 사건, 행위 등에 관련된 정보들이 각기 개별적으로 유지되는, 통합성의 측면에서 볼 때 최하위 수준에 있는 데이터를 말한다). 하지만 전자기록물 환경에서는 이와 정반대이다. 컴퓨터는 마이크로데이터를 쉽게 통계 내거나 요약시킬 수 있기 때문이다.

마이크로데이터의 활용도는 다른 연구자가 이를 가지고 수행했던 분석을 직접 해볼 수 있게 함으로써, 앞선 연구의 타당성 검증 내지 새로운 분석결과 제시를 가능케 해 준다는데 있다. 이처럼 원자료 그대로 존재하는 마이크로데이터는 연구상의 지대한 가치를 지니고 있다. 그렇다면 마이크로데이터와 요약통계 중 어느 것을 보존하는 것이 더 타당한가?

포맷

기록관리자는 기록물의 장기보존을 위한 최적의 포맷을 결정해야 한다. 종종 기록물은 종이와 전자적 형태로 동시에 존재할 수 있다. 투입은 문서이지만 산출은 보고서인 것처럼 말이다. 이 경우 투입은 아직 가공되지 않은 전자적 형태의 원시데이터이며, 산출은 요약정보 형태로 종이에 출력되게 된다. 기록물이 활용되는 경우에는 어떤 목적을 위해 사용되는 지를 고려해야 한다. 만일 통계분석을 위해 마이크로데이터를 활용해야 한다면 전자 버전이 바람직하다. 하지만 통계요약이나 단일 사례 분석을 목적으로 한다면 종이 버전이 합당하다. 일부 데이터세트는 통계분석을 위해서도 또한 단일 사례의 분석을 위해서도 사용될 수 있다. 이 경우에는 전자버전과 종이버전 모두를 활용하는 것이 바람직할 것이다.

기록물의 결합

기록물이 지닌 타 기록물과의 결합성은 전자기록물 평가상의 중요한 요소이다. 기록물의 결합은 두 개 이상의 소스로부터 동일 내지 유사한 데이터들을 취합시키는 것을 말한다. 이는 성명, 주소, 생년월일과 같은 식별자 및 성별, 인종, 연령 등의 공통요소들을 사용하여 이루어지게 된다. 종이기록물 환경에서도 기록물의 결합은 가능하긴 하지만, 이를 위해서는 엄청난 시간이 소요된다. 전자기록물은 동일 식별자 및 공통 요소들을 취합시키는 컴퓨터

처리능력을 토대로 무한대의 결합관계 창출이 가능하다. 이를 감안할 때 기록관리자는 관련 데이터파일의 존재 여부 및 결합성 창출을 위한 공통 메타데이터 요소 추출에 세심한 관심을 기울여야 할 필요가 있다.

업데이트

전자기록물 및 데이터의 업데이트는 일상적으로 행해지는 절차이다. 손쉽게 업데이트할 수 있는 기술은 전자기록물이 지닌 정보적 가치 평가에 영향을 미친다. 데이터베이스의 내용은 매일 매일 변화하며, 또한 어떠한 업그레이드 단계의 데이터가 보존을 위해 포착되는가는 데이터베이스의 설계에 따라 좌우된다. 이를 감안할 때 업데이트된 기록물의 평가시에는 우선적으로 시스템 내지 데이터베이스의 설계를 분석함으로써, 어떠한 업그레이드 단계의 기록물이 평가되는지를 파악해야 한다.

개인 정보에 대한 접근통제

개인 정보를 전자적 형태로 관리하는 것은 두 가지 측면에서 평가에 영향을 미친다. 우선, 수 많은 전자기록물 및 데이터파일 내에는 개인 내지 조직의 어제 오늘에 관련된 비밀정보들이 수록되어 있다는 점이다. 방대한 양의 데이터들이 수시로 누적되는 관계상, 데이터베이스에는 현재의 개인 및 조직에 관한 방대한 양의 정보들이 모이게 된다. 이들 정보 중 일부는 단독으로는 아무런 의미가 없는 데이터들과 연계되어, 개인 및 조직에 대한 보다 상세한 정보를 창출하게 된다. 이 때문에 기록생산자는 비밀기록물을 전자적 형태로 기록보존기관에 이관하는 것을 꺼려한다. 불법적인 접근 및 도용 가능성 때문이다. 접근통제 부문 역시 개인정보보호법이나 데이터보호법과 같은 여타 법령상의 규정에 영향을 받는다는 점을 염두에 두어야 한다.

두 번째로 전자기록물 및 데이터는 비밀정보의 유연성있는 관리가 가능하다는 점이다. 즉 전자파일에서 대상자의 이름 및 기타 식별 가능한 사항들을 삭제시켜 공개용으로 재생산할 수 있기 때문이다. 이처럼 전자기록물의 평가에서는 접근통제의 영향, 특히 바로 위에서 설명한 사안을 신중히 고려해야 할 것이다.

부가적 활용성

일부 데이터파일 및 기록물은 그 자체로는 항구적 보존가치를 지니지 않지만, 종이 내지 마이크로필름의 색인화나 종이기록물 선별을 위한 샘플링 틀 개발을 위해 기록보존기관에서 부가적으로 활용되는 경우가 있다. 가령 다량의 케이스파일들은 케이스관리시스템이라 불리는 자동색인파일을 통해 색인이 생성된다. 이러한 색인파일에는 케이스연번, 이름, 주소, 생년월일, 성별, 인종 등 제한된 수의 데이터 요소와 함께 기타 활용에 필요한 기술요소가 포함되어 있다. 이 파일의 경우 그 자체로는 영구기록물로서의 가치를 지니고 있지는 않지만, 케이스파일의 전자색인 생성에는 매우 유용하게 활용되게 된다. 이를 감안해 볼 때, 기록관리자는 평가시 행정적 내지 기타 연구상의 목적을 위한 전자기록물의 잠재적인 부가적 활용성도 신중히 고려해야 할 것이다.

다큐멘테이션

기록관리자는 해당 시스템 전문가없이도 데이터의 활용을 가능케 해주는, 기술 다큐멘테이션을 확인·점검해 볼 필요가 있다. 다큐멘테이션 자체는 시스템의 생애와 함께 보존되어야 하는 가치있는 기록물이다. 만일 전자기록물이 영구보존 대상으로 평가되었다면, 기술 다큐멘테이션 역시 해당 기록물과 함께 이관되어야 한다. 어떤 경우에는 다큐멘테이션이 데이터 자체보다 더 장기적인 보존가치를 지닐 수도 있다. 해당 데이터는 더 이상 활용가치를 지니지 않게 되었지만, 그 데이터가 존재했었다는 증거를 남기기 위해 다큐멘테이션을 보존하는 경우가 그러하다.

기록물 레이아웃이나 코드북 역시 데이터세트에 동반되는 소규모의 다큐멘테이션이라 할 수 있다(코드북은 컴퓨터 파일 내지 데이터베이스에 사용된 코드를 설명해주는 안내서이다). 기록물 레이아웃은 내용, 크기 및 파일경로를 제시함과 아울러 각 기록물 내의 모든 데이터 요소들을 리스트화시켜 준다. 코드북은 파일상의 정보를 표현하는데 사용된 코드를 리스트화해주며, 각 변수에 적용가능한 코드를 정의해준다. 이러한 다큐멘테이션이 없는 파일은 내용 판독이 불가능해지기 때문에 사용할 수 없게 된다.

복잡한 데이터세트에는 보다 풍부한 다큐멘테이션이 필요하다. 예를 들어 하나의 샘플이 취해졌다고 상정하면, 다큐멘테이션에는 샘플링 기술 및 규모에 대한 상세 설명이 포함되게 된다. 또한 인터뷰가 수행되었다면, 인터뷰의 지침 및 인터뷰 방식 등이 다큐멘테이션되어야 한다. 만일 기록물 레이아웃, 코드북 및 기타 설명 자료 등의 다큐멘테이션이 부재할 경우, 데이터세트는 더 이상 보유하고 있을 필요가 없다.

가독성

저장매체의 물리적 손상은 그 안에 저장된 정보를 사용할 수 없게 만든다. 기록관리자는 평가절차에서 데이터가 저장된 매체의 물리적 상태 또한 평가해야 한다. 테이프의 경우에는 테이프드라이브에 넣은 후 컴퓨터가 읽어 들일 수 있는지를 확인하며, 기타 저장매체의 데이터 또한 해당 기기에서 판독이 가능한지를 검사한다. 테이프를 읽을 때 발생하게 되는 문제는 대부분 테이프가 오랫동안 비현용상태로 저장된 데에서 연유한다. 하지만 테이프의 판독 문제는 마그네틱 매체를 청소해주면 해결된다. 대부분의 데이터처리센터에는 매체를 청결케 하거나 기타 방법으로 테이프를 복구할 수 있는 직원이 배치되어 있다. 데이터의 판독시 그 중 일부를 출력해보는 것(이를 덤프(dump)라고도 한다)이 바람직하다. 이를 통해 기록물 레이아웃이 데이터와 일치하는지 여부와 함께 기타 기술상의 문제들을 찾을 수 있게 해준다.

소프트웨어 의존성

전자기록물 및 데이터의 판독이나 정보의 검색이 특정 소프트웨어에서만 가능하다면, 이는 이관 및 처리, 보존상의 큰 장애물로 떠오르게 된다. 소프트웨어 의존형 전자기록물 및 데이터세트는 이관되는 기록보존기관에 동일한 소프트웨어가 부재할시 이용할 수 없다. 단 특정 소프트웨어에 의존하지 않는 포맷으로 변환시킬 경우에는 이관이 가능할 것이다.

일부 소프트웨어는 유사한 기능을 지닌 어떠한 소프트웨어에서도 활용 가능한 파일을 생성시킬 수 있는 특수 유틸리티프로그램을 장착하기도 한다. 소프트웨어 의존형 파일의 평가시에는 데이터의 리포맷 내지 해당 소프트웨어의 구입에 소요되는 비용 역시 감안해야 한다. 또 하나의 문제가 있다면, 데이터를 리포맷할 경우 원본이 지닌 무결성을 잃어버릴 수 있다는 점이다. 어떤 경우에는 기록보존기관이 특정 소프트웨어를 보유하지 않아 데이터세트를 이관받지 못하기도 한다. 데이터파일을 리포맷시키거나 데이터의 활용이 가능한 특정 소프트웨어를 구입하는 것은 데이터세트의 관리비용을 크게 증가시킨다.

하드웨어 의존성

하드웨어 의존형 파일은 특정 하드웨어에서만 이용이 가능한 파일을 말한다. 컴퓨터 산업이 나날이 발전하기 때문에 바로 이러한 문제가 발생하게 된다. 하드웨어 의존형 파일 대부분은 이관 및 보존을 위해 리포맷되어야 한다. 표준 포맷으로 변환시킬 수 없는 하드웨어 의존형 파일은 일반적으로 영구보존을 위해 이관되지 않는다.

비용

전자기록물의 접근, 처리 및 보존비용에 영향을 미치는 요소는 몇 가지가 있다. 모든 전자기록물에 해당하는 고정 비용은 다음과 같다.
- 데이터 저장을 위한 영구보존용 마그네틱테이프 구입 비용
- 마스터파일 및 백업파일 생성에 소요되는 컴퓨터 처리시간
- 다큐멘테이션을 준비하는데 소요되는 직원의 작업시간
- 테이프 보존상의 정기적인 유지관리에 소요되는 장기적 비용지출

파일의 접근 및 처리와 관련된 추가 비용이 있다. 만일 원본 파일의 구조가 복잡하거나 데이터가 하드웨어 내지 소프트웨어 의존형일 경우, 기술적 해결방안을 강구하거나 컴퓨터 가동시간이 늘어나는 등 리포맷에 따른 추가비용이 발생하게 된다. 부정확하거나 오류가 있는 다큐멘테이션을 수정, 보완하는 데에도 상당량의 작업시간이 소요되게 된다.

훼손된 저장매체로부터 데이터를 복구하는 데에도 고비용이 소요된다. 따라서 연구목적을 위한 파일을 선별하는데 있어, 기록관리자는 원본 파일구조의 복잡성, 다큐멘테이션의 정확성 및 매체의 훼손도를 신중히 고려해야 한다. 이러한 비용들은 파일의 양과는 크게 상관없다.

비용의 환산 시에는 전자기록물의 관리에 따른 잠재적 이익 역시 고려해야 한다. 종이에 비해 볼 때, 마그네틱테이프는 저장공간을 크게 줄일 수 있는 장점이 있다. 만일 전자기록물이 온전하고 다큐멘테이션 역시 정확하다면, 마그네틱테이프는 대량의 정보들을 저장하는 측면에서 종이의 훌륭한 대안이 될 수 있다. 반대로 리포맷 등의 고비용이 소요되고 다큐멘테이션 또한 부정확하다면, 소량의 데이터세트를 전자적으로 보존하는 것은 매우 비경제적이라 할 수 있다.

아래의 도표 10에서 보여주는 예시는 1998년 미국 국립기록청에서 환산한 전자기록관리상의 비용산출을 인용한 것이다.

처리비용	마그네틱테이프당 연간 25$
저장비용	1큐빅피트당 10$
총비용	1큐빅피트의 마그네틱테이프당 160$[1큐빅피트=마그네틱테이프 6개 / 처리비용 150$(6개×25$) / 저장비용 10$]
종이와의 비교	6개(1큐빅피트)의 마그네틱테이프에 저장할 수 있는 정보의 양은 360큐빅피트의 종이와 동일하다. 1큐빅피트당 저장비용이 10$이라면, 360큐빅피트의 종이기록물 저장에는 연간 3,600$가 소요된다. 하지만 마그네틱테이프로 저장할 경우에는 처리비용까지 포함해 연간 160$에 지나지 않게 된다.

도표 10 : 전자기록물의 처리비용

보편적으로 적용시킬 수 있는 평가방식은 존재하지 않으며, 가이드라인 역시 기록관리자 각각이 평가의 수행과정에서 얻은 경험이나 지식을 넘어설 수 없다. 전자기록물 평가를 위한 가이드라인은 아직도 개발과정 중에 있다고 할 수 있다.

전자기록물의 다양성 및 양을 감안할 때, 영구적 가치를 지닌 전자기록물 유형을 한정시키는 것은 어쩌면 불가능할지도 모른다. 하지만 다음의 사항에 관련된 전자기록물은 일반적으로 볼 때 항구적 보존가치를 지니는 것으로 인정되고 있다.

- 항구적 보존대상으로 선정된 기록물을 전자적 포맷으로 변환시킨 기록물
- 영구기록물을 자동색인화시켜 주는 자동색인파일
- 자연현상에 대한 관찰이나 실험 등을 통해 생성된, 유일하면서도 중요성을 지닌 과학 및 기술데이터
- 정부 전영역을 포괄하거나 중요성을 지닌 관리데이터
- 무역, 교육, 보건 등의 주제와 관련된 사회경제 관련 데이터
- 토지, 수자원, 광물, 야생생물과 관련된 천연자원 데이터
- 군사상의 기능 관련 정보들을 수록한 데이터
- 선거, 여론조사 내지 재판사항 등 정치적, 사법적 주제와 관련된 데이터
- 지구의 표면이나 기타 행성체를 지도화하는데 사용된 지도데이터
- 외교정책 내지 국제협상 등의 활동을 문서화시킨 국가안보 및 국제관계 데이터

다음에 제시된 점검표는 전자기록물 평가를 위한 출발점을 형성시키는데 유용하게 활용될 수 있을 것이다.

전자기록물 평가를 위한 점검표			
일반 고려사항	○	×	△
데이터파일의 가치 　● 법적 가치 　● 증거적 가치 　● 정보적 가치			
데이터파일의 연구적 가치 　● 적접적인 연구 가치 　● 장기적인 연구 가치			
데이터파일은 아직 가공되지 않은 마이크로데이터를 지니고 있는가?			
데이터파일의 사용 목적 　● 통계 분석 　● 개별 사례 연구			
현재의 보관 상태에서 데이터파일은 변질 내지 파손될 위험이 있는가?			
유사한 기록물은 또 어디에 존재하는가? 　● 종이　　　● 마이크로필름　　　(체크 요망)			
관련 기록물들은 보존될 예정인가?			
관련 기록물들에는 해당 데이터파일에는 없는 정보들을 포함하고 있는가?			
해당 데이터파일에는 관련 기록물들에는 없는 정보들이 수록되어 있는가?			
관련 기록물 보존상의 고려사항 　● 보존 비용 　● 연계 관계			
● 종이기록물 활용상의 제한사항 여부 　● 전자기록물 활용상의 제한사항 여부			
기술적 고려사항			
데이터파일은 판독이 가능한가?			
다큐멘테이션은 완전한가?			
하드웨어 의존형 파일인가?			
소프트웨어 의존형 파일인가?			
종이기록물의 양			
전자기록물의 양			
테이프에 저장해야 할 데이터파일의 크기			

도표 11 : 전자기록물 평가를 위한 점검표

자료 : SAA의 하가 하에, Margaret L. Hedstrom, *Archives & Manuscripts: Machine-Readable Records*(Chicago, IL: Society of American Archivists, 1984), p. 43으로부터 인용.

4. 처리(Disposal)

전자기록물이 영구보존 대상으로 결정될 경우에는, 어떠한 파일들이 이관대상이며 또한 어느 정도의 시간이 경과한 후 기록보존소로 이관되어야 하는지를 처리지침에 명확하게 규 정할 필요가 있다. 예를 들어 각각의 시기별 데이터세트를 형성하며 데이터가 주기적으로 이전되는 경우, 처리지침에서는 데이터세트들의 구분점 및 각 데이터세트들의 이관시점이 구체적으로 명시되어야 한다(파일 구분점(file break)은 대규모의 데이터세트 내에 하나의 단 위로서 편제가 가능한 관련 전자기록물을 그룹화해주는 기준을 의미한다).

아래에서는 National Archives and Records Administration(NARA), Office of Records Administration, *Managing Electronic Records(Instructional Guide Series)*, Washington, DC: NARA, 1990, p. 22로부터 인용한 예시를 살펴보도록 하자.

처리(Disposal) : 매년 전년도 말 이후 이전된 전자기록물을 보관하는 신규 마스터파일을 생성시킨다. 전년도 마스터파일 내의 모든 전자기록물에 대한 최종 결정이 완료된 후에는 해당 파일을 종결시킨 다. 종결 3개월 후 전년도 마스터파일을 기록보존기관으로 이관시킨다.

(메인파일이라고도 불리는 마스터파일은 조직적이면서도 일관된 데이터들을 포함하고 있는, 상대적 으로 수명이 긴 컴퓨터 파일이다. 이것은 주기적으로 업데이트 된다.)

만일 행정적 필요로 인해 파일 구분점의 사용이 어렵다면, 일상적인 시스템 업그레이드시 마다 처리지침을 기준으로 데이터를 이관시킬 수 있다. 이를 제대로 수행하기 위해서는 적 절한 기준점 및 정교한 지침 마련이 필수적이다.

다음은 National Archives and Records Administration(NARA), Office of Records Administration,

Managing Electronic Records(Instructional Guide Series), Washington, DC: NARA, 1990, pp. 22~23으로부터 인용한 사례를 살펴보도록 하겠다.

처리(Disposal) : 회계년도 말, 더 이상 사용되지 않는 기록물을 이력파일(history file)에 복사한 후 마스터파일에서 삭제토록 한다. 연간 이력파일의 사본을 생성시키면 그 즉시 기록보존기관으로 이관시킨다.

이력파일로 기록물이 이전된 후 이와 관련된 새로운 처리행위가 발생할시, 이력파일에서 마스터파일로 해당 기록물을 복사한다. 또한 1년 후 각 기관이 보유하고 있는 이력파일 사본은 폐기토록 한다.

(이력파일은 장기적 보존을 위해 비현용 마스터파일로부터 복사한 전자파일이다.)

---

5. 접근 및 처리(Processing)

일단 전자기록물을 보존하는 결정이 내려지게 되면, 마스터파일 및 백업 복제본을 생산하기 위한 몇 개의 처리단계가 필요하게 된다. 물론 이들 단계의 수행에는 컴퓨터가 이용된다. 아울러 모든 처리행위들은 세밀하게 문서화되어야 하며, 이 또한 하나의 기록물로서 유지되어야 한다.

현재 마그네틱테이프 카트리지(특히 3490 마그네틱테이프)는 이관 후의 저장을 위해 가장 선호되는 매체이다. 물론 디스켓, CD-ROM 등 다른 저장매체도 많지만, 대부분의 기록보존기관에서는 여전히 이것을 사용하고 있다. 현재 여러 기관들은 마그네틱테이프를 현행 실무에서 사용하면서도 이의 대체물 개발을 위해 끊임없이 연구하고 있는 중이다.

전자기록물 처리의 목표는 다음과 같다.

- 영구보존 대상으로 평가된 전자기록물이 제대로 이관될 수 있도록 한다.
- 전자기록물의 매체 이전 및 활용을 가로막는 이전성(transportability) 문제를 해결한다 (이전성이란 전자기록물을 생산한 시스템으로부터 기록보존기관에서 사용되는 시스템으로 기록물을 이전시키는 능력을 의미한다).
- 전자기록물의 가독성 및 활용성, 이해성을 확보할 수 있는, 처리과정에 대한 충분한 다큐멘테이션을 생산한다.

데이터파일 및 다큐멘테이션의 준비에 필요한 처리과정상의 업무량은 데이터의 복잡성과 더불어 각 기록보존기관의 표준에 따라 좌우된다. 일반적으로 데이터세트의 처리에 수반되는 절차는 워드프로세스 파일과 같은 단순한 전자기록물에 소요되는 절차보다 훨씬 더 복잡하다.

일반적으로 볼 때, 전자기록물 처리에는 공통적으로 수행되게 되는 기본 단계들이 존재한다. 이러한 기본 단계는 다음과 같다.

- 생산자로부터 기록보존기관으로 데이터파일을 이관시키기 위한 준비단계
- 데이터 및 다큐멘테이션의 검증단계
- 에러의 해결단계

기록보존기관이 전자기록물을 접수하게 되면, 바로 처리과정에 들어가야 한다. 처리과정은 다음과 같은 방식들을 통해 수행될 수 있다.

- *자체 수행형* : 가용자원 내지 지원을 활용하여 내부적으로 처리프로그램을 수립한다.
- *계약형* : 전자기록물 보존기능을 수행할 수 있는 서비스 제공업체와 계약한다.
- *컨소시엄형* : 타 조직들과의 컨소시엄 구성을 통해 처리과정에 소요되는 비용을 공유·분담토록 한다.
- *외주형* : 전자기록물의 장기보존 및 접근성 유지를 기록보존기관에서 직접 수행할 수 없는 경우 이러한 방식을 채택함과 더불어, 기록보존기관에서는 이에 대한 감시프로그램을 수립한다.
- *혼합형* : 이 경우는 기록물 생산자의 요구사항들을 충족시키거나 방대한 유형의 전자기록물을 취급해야 하는 경우에 적절하다.

만일 위의 방식 중 계약형이 채택된다면, 외부 서비스업체의 컴퓨터센터에서는 전자기록물의 영구보존과 관련된 전반적인 기능을 담당해야 한다. 다음의 사항들 역시 신중히 고려되어야 한다.

- *테이프 처리능력* : 컴퓨터센터는 다른 컴퓨터센터에서 생산된 테이프의 처리 및 신규 마그네틱테이프로의 데이터 이전, 보존용 표준포맷으로의 변환, 검증에 필요한 출력물의 제공 기능들을 보유해야 한다. 산업용 표준 하드웨어 및 방대한 종류의 소프트웨어 패키지를 확보하고 있는 컴퓨터센터가 여기에 가장 합당하다.

- *하드웨어 호환성* : 생산부서에서 사용하는 컴퓨터 하드웨어와 컴퓨터센터의 하드웨어 사이에는 호환성이 존재해야 한다.
- *외부 지원의 활용성* : 데이터파일을 리포맷하는데 기술적 지원이 필요한 기록관리자는 프로그래머, 컴퓨터전문가 등 전문인력들의 협조를 얻어낼 수 있어야 한다.
- *데이터 보호* : 철저한 데이터 보호체계는 전자적 형태의 비밀정보를 보존해야 하는 기록보존기관에 필수적이다.
- *비용* : 실제 컴퓨터의 사용에 비용이 소요되기 보다는 기록관리프로그램 자체를 위해 대부분의 비용을 지출해야 한다.

> *모든 처리행위들은 세밀하게 문서화되어야 하며,*
> *이 또한 하나의 기록물로서 관리되어야 한다.*

이관을 위한 준비

전자기록물을 위한 적절한 이관요건을 마련해야 할 필요가 있다. 궁극적으로 볼 때, 항구적 가치를 지닌 전자기록물의 장기보존 책임은 국가 기록관리정책을 총괄하는 국가기록물관리위원회의 법령적 틀 속에 규정되어야 한다. 하지만 현실적으로 이는 기록보존기관 내지 기타 위탁기관으로 전자기록물의 보존책임을 이양함으로써 완수된다고 볼 수 있다.

보존형 및 비보존형 전략의 장단점에 대해서는 제3과를 참조

포맷

기록보존기관은 이관받을 수 있는 포맷의 유형들을 사전적으로 규정해야 한다. 기록관리자는 모든 유형의 기록물을 위한 보존 및 활용 포맷을 결정해야 할 책임을 지닌다(가령 종이기록물을 마이크로필름에 저장할지 또는 디지타이징할지 등등).

보존용 포맷과 열람용 포맷이 모두 전자적 형태일 경우, 양자를 혼동하기가 쉽다. 이를 위해서는 워드프로세스 문서, 데이터베이스 파일, 스프레드시트 등 각기 상이한 전자파일의 특성에 대한 세심한 고려가 필요하다. 간단히 말해, 기록보존기관에서는 아래의 사항 중 하나를 선택해야 한다.

- 방대한 유형의 파일 포맷을 이관받은 후, 수용 가능한 보존용 파일 포맷으로 변환시킨다.

또는,

- 기록생산자에게 특정 보존용 포맷으로 전자파일을 이관토록 한다.

만일 전자기록물 생산지가 표준포맷으로 데이터파일을 이관할 수 없다면, 보존 및 열람에 적합한 포맷으로 변환시켜야 하는 추가적인 처리과정이 필요하게 된다. 간혹 이러한 처리과정은 기존의 라벨테이프를 제거한다든지 문자코드를 변환시킨다든지 등의 단순 작업들로 이루어지는 경우도 있다. 하지만 일반적으로 볼 때 기존의 데이터세트를 표준포맷으로 변환시키는 데에는 전문가의 기술적 지원이 필요하게 된다.

전자파일의 보존용 포맷을 결정하는 최선의 방책은,

- 전자기록물의 법적 효력 및 증거력 등 전자기록물과 관련된 법률적 환경을 이해해야 한다.

또는,

- 전자파일을 다양한 보존용 포맷으로 변환시킬 때 발생하게 되는 사항들을 시험해본다.

> 기록보존기관은 이관받을 수 있는 포맷의
> 유형들을 사전에 규정해야 한다.

다큐멘테이션

어떠한 다큐멘테이션이 요구되는가? 기록관리자는 전자기록물과 함께, 전산시스템의 기획·개발·운용과 관련된 다큐멘테이션을 유지시켜야 한다. 이러한 다큐멘테이션은 전자파일에 수록된 정보의 배열상태 및 내용, 코드화방식 등을 설명해 주어야 한다. 다큐멘테이션의 두 가지 공통 요소는 아래와 같다.

- *기록물 레이아웃/파일 레이아웃/파일 디스크립션/데이터사전에 대한 도표 내지 목록* : 이것은 각 필드에 있는 각각의 정보들을 설명해 줌으로써 해당 전자기록물에 대한 일반적 사항들을 제시해준다(크기, 유형 및 경로, 파일간의 관계 등).
- *코드북* : 이것은 정보를 표현하는데 사용된 코드에 대한 설명을 제공해준다.

다큐멘테이션은 표준은 물론, 보편적으로 적용 가능한 형식도 존재하지 않는다. 단 바람직한 유형의 다큐멘테이션은 해당 전자기록물의 이해성, 판독성 및 활용성을 증진시켜준다. 전자기록물 이용자는 기록물 내의 정보들이 어떻게 수집·입력되어 처리되었는지를 알아야 할 필요가 있기 때문이다. 이러한 다큐멘테이션의 생성은 전자기록관리상의 일상적인 필수 업무가 되어야 한다.

이관시점의 다큐멘테이션은 전자기록물을 당장 이용하거나 향후 활용하는 데에도 부족함이 없을 만큼 충분한 정보가 포함되어야 한다. 기록물이 현용 상태에 있고 또한 이 기록물을 생산한 소프트웨어 역시 광범위하게 사용되고 있는 경우, 참고활용 목적을 위한 다큐멘테이션은 최소한의 정보들만으로도 충분하다. 하지만 장기보존을 위한 다큐멘테이션은 보다 포괄적이어야 하며, 활용 가능한 모든 정보들을 수록해야 한다.

만일 다큐멘테이션이 제대로 작성되지 않은 전자파일을 이관받아야만 하는 경우라면, 생산부서에 상세한 이관서식 작성을 요구해야 한다. 이는 아래와 같은 기술적 정보들을 얻을 수 있도록 해준다.

- *전자기록물의 크기*
- *파일 내에 존재하는 전자기록물의 정확한 개수*
- *문자코드* : 이 코드는 문자 숫자 혼합식의 바이너리 코드형식으로 표현된다.
- *블록의 크기* : 블록은 마그네틱테이프나 디스크에 기록화된 정보의 영역으로, IRG(Inter-Record Gap)라 불리는 비기록화된 소규모 영역을 통해 다른 블록과 구분된다. 하나의 블록은 다수의 전자기록물을 포함할 수도 또한 하나의 전자기록물이 몇 개의 블록을 차지할 수도 있는데, 이는 전자기록물의 크기나 사용된 하드웨어의 유형 및 프로그래머의 결정 등에 따라 달라지게 된다.
- *테이프 라벨* : 라벨은 파일, 마그네틱테이프 내지 접근장치 등에 대한 정보를 제공하는 식별자로, 두 가지 유형이 있다. 외부라벨(external label)은 물리적 매체를 확인시켜주며, 마그네틱테이프 내지 디스크의 위치를 표시하는데 사용된다. 내부라벨(internal label)은 파일의 생성 초기 내지 말미에 전자적 형태로 기록되며, 매체에 저장된 파일 및 기록물을 식별하는데 필요한 정보를 제공해준다.
- *트랙 수* : 트랙은 마그네틱테이프의 용량에 따라 7개 내지 9개의 비트열로 이루어지게 되며, 동심원 모양의 원형 형태로 이 안에 데이터가 기록되게 된다.
- *밀도(density)* : 이것은 마그네틱테이프 내지 디스크상의 한 개 트랙에 기록할 수 있는 비트 수를 말한다. 보통 1인치당 비트 수(bpi) 내지 1인치당 문자 수(cpi), 1인치당 프레임(fpi)으로 나타낸다.

- *패리티(parity)* : 이것은 기록된 데이터를 검사함과 아울러, 바이너리 연산을 사용하여 데이터 유실을 확인함으로써 에러를 방지시켜 주는 방법이다.
- *파일구조* : 파일구조는 특정 파일이 조직화되는 방식을 의미한다. 파일이 하나의 분석단위에 대한 데이터만을 보유한다면 직사각형 모양의 파일구조를 지닌다. 만일 각 전자기록물이 어러 개의 분식단위에 대한 데이터들을 지니게 된다면, 파일구조는 계층화된 형태를 지니게 된다.
- *사용된 하드웨어*

이관서식은 위와 같은 정보들을 수집함과 아울러, 전자기록물의 이관 사실을 증명하고 이관된 전자기록물을 관리하는데 매우 유용하게 활용될 수 있다. 아래에 제시된 도표 12는 데이터파일 이관용 전자서식 샘플이다.

> *기록관리자는 전자기록물의 파악 및 전산시스템의*
> *기획 · 개발 · 운용 · 활용에 필요한 다큐멘테이션을 관리해야 한다.*

데이터파일 이관용 전자서식

1. 테이프에 저장된 각각의 파일별로 작성하시기 바랍니다.
2. 본 서식의 사본을 아래에 지정된 기관으로 송부해 주시기 바랍니다.
3. 본 서식은 국립기록보존소에서 얻을 수 있습니다.

기관명 :	기록물 처리지침/처리일정표 연번 :
부서명 :	파일명(시리즈 제목) :
이관담당자 :	시스템명 :
전화번호 :	기록물 생산년월일 :
이관일자 :	이관승인자 :

파일이 저장된 테이프 번호(외부라벨) :

파일을 생성시킨 컴퓨터 기종 :

저장테이프 내의 파일 연번 :

파일내 전자기록물의 수 :

최대 전자기록물 크기 :

블록 개수 :

블록당 전자기록물의 수 :

블록의 크기 :

최종 블록의 크기 :

유형	트랙	패리티	밀도	라벨
BCD	7	짝수	556	없음
EBCDIC	9	홀수	800	IBM
ASCII			1600	ANSI
FIELDATA			6250	기타
기타				

비고 :

사본 송부처 : 1)국립기록보존소   2)데이터 처리부서   3)기록물 이용자/보존책임자   4)기록물관리담당자

도표 12 : 데이터파일 이관용 전자서식 샘플

자료 : Margaret L. Hedstrom, *Archives & Manuscripts: Machine-Readable Records*(Chicago, IL: Society of American Archivists, 1984), p. 47로부터 인용.

제5과 전자데이터의 구성요소와 기록관리 프로그램

6. 보존 책임성

기록물의 이관시 원 보존책임자는 무엇을 수행해야 하는가? 기록보존기관으로 전자기록물을 이관할 때, 원 보존책임자는 아래에 제시된 바와 같은 역할을 수행해야 한다. 아울러 기록관리자는 이러한 역할이 제대로 수행되고 있는지를 감시할 필요가 있다. 만일 제대로 수행되지 않는다면, 올바로 행해질 수 있도록 지도해야 할 것이다.

- 이관시점에 전자기록물의 사본을 만든다. 이 사본은 처리과정 동안 이관된 전자기록물이 유실되거나 물리적 손상을 입을 경우를 대비해 백업본으로서의 역할을 담당하게 된다. 만일 디스켓으로 접수된 경우에는, 먼저 바이러스를 체크한 후, 처리의 수행 전에 예비 복사본을 만들어 두어야 한다.
- 전자기록물을 다큐멘테이션과 비교·검토한다.
- 다큐멘테이션상의 에러 사항들을 확인해 기록한다.
- 코드의 확인이 어렵거나 에러가 발생시, 해당 전자기록물 생산자와 협의한다.
- 파일의 물리적 상태에서 나타난 문제점들을 기록한다.

접근

누구에게 어떠한 방식으로 전자기록물에 대한 접근을 제공해야 하는가? 전자기록물에 대한 접근은 생산부서와의 상의 하에 결정되어야 한다. 전자기록물의 접근과 관련된 원칙 역시 종이기록물 환경 하의 전통적인 방식과 크게 다를 바 없다.

전자기록물이 연구자에 의해 활용되기 위해서는, 가독성 및 이해성, 활용성 확보가 필수적이다. 열람자의 참고활용은 해당 전자기록물의 보존 및 처리상태를 점검해 볼 수 있는 유용한 기회이다. 이용자들은 종종 전자기록물 이용상의 문제점들을 발견해 주기 때문이다. 만일 이용자의 전자기록물 활용이 불가능한 경우라면, 보존 및 처리과정은 실패한 셈이 된다.

이관된 전자기록물이 가독성 및 이해성, 활용성을 지니지 못하게 된다면 무슨 일이 발생하게 될까? 손상된 매체에서의 파일 복구는 매우 난해하면서도 고비용이 소요된다. 만일 예산이 허락한다면, 일부 파일 및 매체들은 복원될 수도 있다. 아무튼 이러한 상황을 예방하기 위해서는, 가독이 불가능하거나 활용될 수 없는 전자기록물의 이관을 최소화시켜야 한다. 이를 위해서는,

- 함께 동반되어 이관되는 다큐멘테이션이 전자기록물의 각종 사항들과 일치하도록 해야 한다.
- 다큐멘테이션이 활용 가능한지를 점검해야 한다(가령, 짝수 페이지만을 수록하고 있는 다큐멘테이션의 경우에는 홀수 페이지 활용이 불가능해진다).
- 전자기록물이 매체에 제대로 저장되어 판독 가능한지를 점검한다.

도표 13은 전자기록물의 장기보존을 위한 준비과정에 포함되는 단계들을 요약한 것이다. 본 도표는 Margaret L. Hedstrom, *Archives & Manuscripts: Machine-Readable Records*(Chicago, IL: Society of American Archivists, 1984), pp. 48~49로부터 인용하였음을 밝힌다.

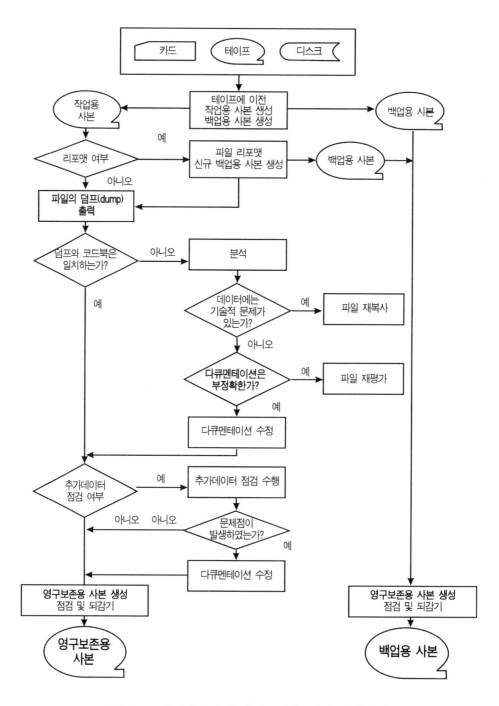

도표 13 : 데이터파일의 장기보존을 위한 준비과정

데이터 및 다큐멘테이션 검증

기록보존기관으로의 전자기록물 이관시 수행해야 할 또 다른 사항은 데이터와 다큐멘테이션이 무결성을 지니면서도 정확한지를 검증하는 것이다. 데이터와 다큐멘테이션의 검증에 관한 사항은 본질적으로 데이터세트의 처리에 관한 문제이다. 지리정보시스템(Geographic Information System : GIS)과 같은 일부 예외를 제외하고는, 기타 전자적 정보의 처리문제와 크게 다를 바 없다.

검증과정에서는 확인된 문제점들을 나열한 보고서가 생산된다. 기록관리자는 검증과정 동안 해당 파일에 수록된 전자기록물의 정확한 개수를 파악해야 한다. 대부분의 컴퓨터 운영체계에서는 테이프의 판독시 그 안에 저장된 기록물의 개수를 제시해준다. 파일의 완전성 여부를 검증하기 위해, 영구보존용 사본상의 기록물 개수를 원 보존책임자가 보고한 기록물 개수와 비교해 보는 것이다.

레코드센터에서는 일명 덤프(dump)라 부르는, 데이터파일에서 선택한 기록물의 출력본을 생성시켜 보아야 한다. 파일의 복잡성에 따라 출력해보는 기록물의 개수는 달라질 수 있지만, 일반적으로 파일 내 맨 앞부분의 10개와 맨 뒷부분의 10개를 출력하게 된다. 레코드센터에서는 코드북이 완전하면서도 정확한지, 또한 각 데이터요소들은 올바른 위치에 배열되어 있는지를 검증해야 한다. 아울러 덤프를 파일 레이아웃 및 코드북과도 비교해 보아야 한다. 즉 출력물상의 각 영역을 구분지은 다음, 영역별 내용을 코드북에서 지정하는 값과 비교해 보는 것이다. 코드북과 덤프를 설명하는 도표 14를 참조하기 바란다.

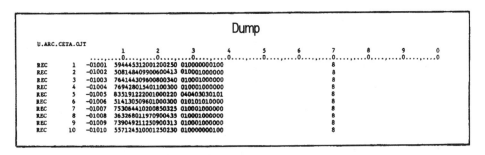

도표 14 : 데이터파일의 코드북과 덤프

자료 : Margaret L. Hedstrom, *Archives & Manuscripts: Machine-Readable Records*(Chicago, IL: Society of American Archivists, 1984), p. 51로부터 인용.

점검 절차에서는 다음과 같은 두 가지 유형의 문제 해결이 불가능하다.

1. 검증 절차에서는 기록물 레이아웃 및 코드북상의 부정확성을 드러내 주게 된다. 하지만 기록물 레이아웃에는 기록시스템상의 빈번한 변화 및 수정사항들이 항시 명시되는 것은 아니다. 조직에서 필요로 하는 정보 유형의 변화시 데이터파일에는 신규 데이터요소들이 추가되며, 이와 함께 데이터 처리과정에서 코드가 수정되거나 확장되게 된다. 하지만 이러한 변화상 역시 항시 코드북에 기재되는 것은 아니다. 이와 같은 다큐멘테이션상의 누락이나 에러 문제를 해결하기 위해서는, 원 보존책임자와 이러한 문제를 협의해 다큐멘테이션을 정확하게 수정해야만 한다.

2. 검증 절차는 데이터 자체의 에러사항 역시 제시해준다. 덤프를 눈으로 살펴보게 되면, 데이터의 이관시 발생한 명백한 에러들의 확인이 가능하다. 도표 16에서 볼 수 있는 바와 같이, 상당수의 공란이나 이상한 문자들은 데이터가 비정상적으로 복사되었음을 나타내 주는 것이다. 이러한 에러는 원 보존책임자가 잘못된 기술적 정보들을 제공하였거나, 데이터 복사가 제대로 수행되지 못한 경우에 발생하게 된다. 따라서 이런 경우 올바른 기술적 사항들을 토대로 파일을 재복사해 에러를 없애야 한다.

검증 절차에서는 그 내역 및 과정을 소상히 밝혀주는 검증설명서를 작성해야 한다. 도표 15에서는 이에 대한 예시를 제시해주고 있다.

에러 해결

에러 해결을 위해서는 원 보존책임자로부터 추가적인 정보들을 수집할 필요가 있다. 관련 정보의 근원이 되는 자료들을 살펴보는 것도 좋은 방안이다. 일반적으로 기록보존기관에서는 파일상의 내용을 변경하면서까지 데이터의 에러를 고치지는 않는다. 파일의 내용을 변화시키게 되면 고유의 증거적 가치는 유실되기 때문이다. 특히 정책 결정에 근거로 이용된 경우에는 더욱 그러하다. 따라서 에러가 발생한 파일상의 데이터를 변경시키기 보다는 이러한 에러사항들을 다큐멘테이션에 명시토록 해야 할 것이다.

기록보존기관에서는 전자기록물의 유형에 기초하여 에러를 방지하고 해결할 수 있는 정책과 더불어, 데이터의 질을 향상시켜 이용 고객을 증대시킬 수 있도록 하는 재원을 마련해야 할 것이다. 파악된 에러들은 다큐멘테이션에 명시하며, 에러의 해결과정에서 파일의 내용이 일부 변경된 경우에는 이를 이용자에게 공지토록 해야 한다. 만일 파일상의 수많은 에러들이 고쳐질 수 없다면, 해당 파일의 행정적, 연구적 가치는 재평가되어야 한다. 도표 16에서는 테이프 복사 절차상에서 발생한 에러들을 보여주고 있다.

국립기록보존소 전자기록관리국

1998년 9월 10일

J. Doe

NA-98-251

검증 설명서

국립기록보존소에서 본 파일을 이관받은 후 이에 대한 처리절차로, 일명 '예비평가'(preliminary assessment) 내지 '유효성 측정'(validation)이라 칭하는 다큐멘테이션과 각 파일상의 덤프를 직접 일일이 비교하는 방식을 취하였다. 비교·검토된 기록물의 수는 파일마다 서로 상이하다. 하지만 보통 각 데이터세트상의 맨 처음 및 맨 나중 부분에 있는 10개 이하의 기록물들을 비교·검토해 보았다. 본 서식은 이의 결과를 기재한 설명문이다.

- 제목 : 회계처리 기록 1~20(1997년 8월)
- 논리적 레코드(logical record)의 크기 : 40
- 데이터세트 번호 : 1

다큐멘테이션과 덤프 사이의 어떠한 불일치도 검증 절차동안 발견되지 않음.

도표 15 : 검증설명서 샘플

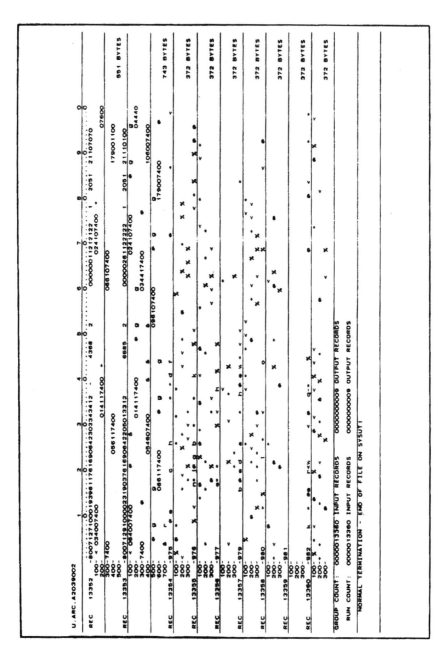

도표 16 : 에러를 보여주는 출력물

자료 : Margaret L. Hedstrom, *Archives & Manuscripts: Machine-Readable Records*(Chicago, IL: Society of American Archivists, 1984), p. 52로부터 인용.

처리과정이 완료되면, 데이터파일의 영구보존용 사본 및 백업용 사본을 만들어야 한다. 이들 사본은 데이터의 이관 시점에 만들어진 것과는 다르다. 양 복사본은 에러 발생율이 적은 고품질의 신규 마그네틱테이프를 사용해야 한다. 신규 테이프로 데이터를 이전시킨 후에는 이들 테이프의 생성 연도 수 및 물리적 상태를 체크하며 세심한 관리조치를 부여해야 한다. 한 개의 테이프에 가능한 한 많은 수의 파일을 저장시키는 것도 매우 경제적인 방안이라 할 수 있다.

본격적인 보존에 앞서, 양 복사본의 에러 검사와 더불어 테이프의 이완현상을 방지하기 위해 되감기를 실시해야 한다. 백업용 사본은 영구보존용 사본이 손상되는 비상상황의 발생 시 데이터를 복구하기 위해 오프사이트 공간에 보존하도록 해야 한다.

> *처리과정이 완료되면, 데이터파일의 영구보존용 사본 및 백업용 사본을 만들어야 한다.*

[연습 27]

전자기록물의 처리단계를 설명한 후 핵심적인 고려사항들을 적어 보도록 하자.
이 과정에서는 어떠한 문제들이 발생할 수 있으며, 이를 예방하거나 위험성을 감소시키기 위해 취해야 할 절차는 무엇인지 설명해 보도록 하자.

---

7. 전자기록물 보존

> *마그네틱테이프는 영구적인 보존이 가능한 저장매체는 아니다.*

마그네틱테이프는 영구적인 보존이 가능한 저장매체는 아니다. 최적의 상황 하에서 보존하더라도, 그 수명은 20~25년 안팎이다. 보다 우수한 안정성 및 경제성을 지니는 매체가 개발될 때까지는, 주기적으로 데이터파일을 신규 테이프로 이전시키는 절차는 피할 수 없다. 단 테이프를 적정 환경 하에서 보존하고 또한 다음과 같은 일상적인 관리조치를 수행한다면, 테이프의 물리적 훼손문제는 대폭 줄일 수 있다.

- 마그네틱테이프를 섭씨 16~20도의 온도 및 34~45%의 습도를 유지하는 먼지없는 환경에서 보존한다.
- 데이터의 유실을 방지하기 위해, 마그네틱테이프에 저장된 모든 데이터에 대한 통계샘플을 매년 생성시킨다.
- 테이프의 이완 내지 수축 현상을 방지하기 위해, 주기적으로 정상속도에서 되감기를 실시한다.
- 데이터의 물리적 유실 내지 매체의 사양화에 대비하기 위해, 최소한 10년에 한 차례 이상씩 안정성이 검증된 신규 테이프에 데이터를 복사해 둔다.

주기적인 일상적 관리조치 역시 테이프의 물리적 손상을 방지하고 그 수명을 연장시켜 준다. 1년에 한 차례 정도 테이프 중 샘플을 선택하여, 너무 팽팽하게 감겨져 있지 않은지, 케이스 등이 부서지지 않았는지 등 테이프의 물리적 상태를 점검해야 한다. 테이프가 지닌 상당수의 문제들은 테이프를 청소하거나 적정 속도로 되감기를 하면 치유가 가능해진다.

1년 내지 2년마다 한 차례씩 테이프 중 샘플을 선정해 테이프 드라이브에서 가동시켜 봄으로써, 내용의 판독에 문제가 있거나 '읽기에러'가 발생하는지를 점검해야 한다(앞선 검증절차 논의 부분에서는 읽기에러 등과 같은 문제의 예방 및 해결책에 대해 논의하였다). 만일 읽기에러 현상이 발생할 경우, 테이프를 추가적으로 더 선정하여 시험해 보아야 한다. 테이프를 청소한다든가 되감기해 봄으로써 이 문제를 해결할 수도 있지만, 만일 해결이 안된다면 데이터를 새로운 테이프에 이전시키도록 해야 한다.

저장되어 있는 모든 테이프는 물리적 외양이나 상태에 상관없이 1~2년 마다 청소하고 되감기를 실시해야 한다. 또한 모든 테이프는 테이프의 보존환경 및 관리상태, 정기적인 점검 결과를 기초로 20~25년 사이의 기간마다 한 차례 이상씩 새로운 테이프로 데이터를 이전시켜야 한다. 테이프 제조회사명, 구매일자, 테이프 생성일자와 더불어 항구적 보존을 위한 관리조치 및 점검 수행일자를 기록해 두는 것도 필수불가결한 사항임을 명심해야 할 것이다.

만일 이미 사용되지 않는 사양화된 하드웨어에서만 작동시킬 수 있는 포맷에 데이터가 저장되어 있다면, 이에 대한 장기적 접근성 유지는 어렵게 된다. 기술의 노후화 문제는 전자기록관리에서 간과할 수 없는 현실적 문제이다. 기록물을 생산하고 저장하는 방식이 새로운 기술들로 대체되는 것과 보조를 맞추어, 기록보존기관 역시 보유기록물들을 새로운 기술환경에서 호환될 수 있는 포맷으로 변환시켜야 하는 사명을 안게 되었다.

8. 마이그레이션 전략

　신규 하드웨어 및 소프트웨어가 도입될 경우, 가독성 및 활용성, 접근성을 유지시키기 위해 기존의 디지털 정보들을 신규 시스템으로 이전시켜야 한다. 본 모듈의 앞 부분에서 제시하였던 다음의 정의를 상기해 보도록 하자.

　　마이그레이션(Migration) : 하나의 하드웨어 내지 소프트웨어 세대로부터 다른 세대로 전자적 형태의 데이터를 이전시키는 행위

　마이그레이션은 어떠한 정보도 유실되지 않는 방식으로 수행되어야 한다. 하지만 신·구 시스템간의 호환성 문제로 인해 일부 정보의 유실은 불가피한 것이 현실이다.

　도표 17에서는 디지털 정보의 마이그레이션과 관련된 다양한 방안 및 각각의 장단점들을 간략히 소개하였다. 본 도표는 이들 방안에 대한 개요와 함께, 각 기관에 부합하는 전략 선택에 유용한 정보를 제공해 줄 것이다.

　기록보존기관에서는 하나의 마이그레이션 방식을 고수하기 보다는, 전자기록물의 무결성을 보호하고 활용성을 극대화시킬 수 있는 적절한 방안들을 선택해야 한다.

　전자기록물의 유형마다 각기 적합한 마이그레이션 전략이 존재한다. 앞서 제2과에서 설명한 데이터 및 문서 관련 국제표준을 기록관리 영역에 도입하면 마이그레이션 전략 수립이 한층 용이해진다. 데이터 및 문서가 사유포맷(proprietary format) 형태로 생산될 경우에는 추후 정보의 활용을 위해 소프트웨어는 물론 IT 플랫폼, 다큐멘테이션 등 시스템 전체를 보존해야 하며, 심지어는 해당 소프트웨어 및 하드웨어 사용법을 아는 직원까지 보유해야 할 필요가 있게 된다(플랫폼(platform)은 시스템의 기반이 되는 하드웨어나 소프트웨어를 말한다. 가령 DOS6.0을 가동시키는 80486프로세서는 플랫폼의 일종이며, 이더넷(Ethernet) 네트워크상의 UNIX 또한 하나의 플랫폼이라 할 수 있다. 플랫폼은 시스템이 개발될 수 있는 표준

적 환경을 규정해 준다. 소프트웨어 개발자들은 이 환경에 맞추어 소프트웨어를 개발하게 되며, 관리자들 역시 여기에 부합하는 하드웨어 및 각종 프로그램들을 구입하게 된다. 이 개념은 종종 운영체계(operating system)와 동의어로 사용된다).

위와 같은 문제 해결에 소요되는 비용은 전자기록물의 본원적 가치와 신중히 저울질해 보아야 한다. 사유포맷을 표준포맷으로 변환시키게 되면 데이터 및 문서의 지속적 접근성을 증대시킬 수 있다. 하지만 현재 조직이 사용하고 있는 소프트웨어를 감안한다면, 이 또한 용이한 일은 아닐 것이다.

마이그레이션 과정에서는 정보 및 기능성 유실이 빈번히 발생한다. 이러한 유실 현상을 감소시키기 위해서는,

- 왜 특정 마이그레이션 방식이 채택되었으며 이러한 방식은 어떻게 수행되는지를 제시해줄 수 있는, 마이그레이션을 위한 공식적 정책을 수립한다.
- 특정 부서 및 직원에게 마이그레이션에 대한 책임을 할당한다.
- 마이그레이션이 기록물의 무결성 및 활용성에 미치는 영향을 측정한다.
- 마이그레이션의 질을 제고시킬 수 있는 적절한 통제절차를 수립하고 시행한다.
- 마이그레이션 절차 및 신규 매체로의 변환과정에서 취해진 모든 조치들을 문서화시킨다(다큐멘테이션에는 기관의 마이그레이션 정책, 특정 마이그레이션 방식의 채택 이유, 무결성 및 활용성에 미친 영향측정 결과 및 마이그레이션 과정을 통해 나타난 기록물의 변화상 등이 포함되어야 한다).

> 기록보존소는 전자기록물의 무결성을 보호하고 활용성을 극대화시킬 수 있는 적절한 마이그레이션 방안들을 수립해야 한다.

[연습 29]

소속기관에는 어떠한 마이그레이션 전략이 합당한지 그 이유를 설명해 보도록 하자.

마이그레이션 전략	장 점	단 점
1. 종이 내지 마이크로필름으로 이전 이것은 가장 오래된 마이그레이션 방식으로, 텍스트문서의 활용 목적으로 복잡하게 레매되어 있다. 하지만 이 방식에서는 기록물이 용이한 수정 및 복본 생성이 어려워지게 된다.	• 법적, 기술적 관점에서 볼 때, 종이 내지 마이크로필름으로 이전되면서 이전보다 검증이 용이하다. • 기록물이 변조가 훨씬 어렵게 되고, 변조된 부분을 쉽게 발견할 수 있다. • 소프트웨어의 사양화에 따른 문제들로부터 자유롭다.	• 전자기록물이 지닌 신속한 검색성 및 재활용성 등이 기능성이 사라지게 된다. • 재현방식이나 연계관계 창출 등이 한계로 인해 다양한 유형의 포맷 처리에는 적합지 않다. 이러한 단점을 완화시킬 수 있는 절충형 방식도 있다. 즉 기록물에 대한 전산세인을 보유하거나, 스캐너입을 통해 디지털 형태로 재변환시킬 수 있는 방안 마련 등이 그것이다.
2. 기록물을 소프트웨어 비의존형 포맷에 저장 이 전략은 보겨적인 보존에 앞서, 전자기록물을 단순한 형태의 소프트웨어 비의존형 포맷으로 이전시키는 방식이다. 이것으 수치 데이터파일이나 일부 텍스트파일을 ASCII 형식으로 저장된 텍스트파일을 위해 광범위하게 사용되어 있다.	• 전자기록물의 검색 및 재활용을 위한 특정 소프트웨어가 필요없게 된다. • 일단 전자기록물이 소프트웨어 비의존형 포맷으로 변환되면, 주후 마이그레이션에 필요한 더 이상의 조치는 없어도 된다.	• 만일 원래의 시스템이 다른 시스템에서도 사용한 소프트웨어 비의존형 포맷로 파일을 생성시키는 기능이 부재할 시, 이를 위한 별도의 특정 프로그램을 구비해야만 한다. • 정보 내용 및 기능성은 변환과정에서 유실될 수도 있다. • 멀티미디어 기록이나 하이퍼텍스트 문서 등 복잡한 유형의 파일 포맷에서는 사용될 수 없다.

도표 17 : 마이그레이션 전략

자료 : Margaret L. Hedstrom, *DRAFT Section of a Report on Migration Strategies Prepared for the Experts Committee on Software Obsolescence and Migration*, Fermo, Itaiy(1996. 4.)로부터 발췌.

마이그레이션 전략	장 점	단 점
3. 원래의 소프트웨어 환경에서 전자기록물을 보유 이 방식은 해당 전자기록물을 생산한 하드웨어 및 소프트웨어에서 가능한 한 오래 전자기록물을 유지시키는 것이다. 이는 원래의 소프트웨어에 없는 이는 활용이 불가능하고, 특정 포맷의 전자기록물을 보존하는데 사용할 수 있는 유일한 방안이다(이 전략은 원래의 소프트웨어를 사용한다는 점에서 아래의 7번 전략과 밀접한 관련을 지닌다.	• 기록물을 변환 내지 리포맷해야 할 필요성이 없어진다. • 원래 지니고 있던 모든 기능들을 그대로 유지할 수 있다.	• 이미 사양화되어 더 이상 활용되지 않는 하드웨어 및 소프트웨어를 장기간 유지해야 한다(만일 생산부서에서 업무상 지속적으로 활용되는 기록물일 경우, 현재 사용 중인 시스템에 맞게 변환시키지 않을 수 없다. 또한 기록보존소로 이관된 경우, 기록보존소에서는 원래의 시스템으로 마이그레이션을 수행해야 한다.
4. 공개표준 규격에 부합하는 시스템으로의 마이그레이션 이 전략은 전자기록물을 시스템 비의존형 포맷으로 저장하는 방식에 대한 대안으로서의 의미를 지닌다. 즉 전자기록물을 시스템 비의존형 포맷으로 변환시키는 대신, 전세계적으로 폭넓게 활용되는 국제표준 규격에 맞는 포맷으로 변환시킨다.	• 국제표준 역시 변화되지 않을 수 없다 할지라도, 사유표준처럼 빈번하게 변화되지는 않을 것이다.	• 사유포맷에서 표준포맷으로 변환시키는데 소요되는 초기 비용이 발생한다(이상적으로라면, 각 기관에서는 전자기록물을 다른 시스템에서도 활용할 수 있는 표준포맷으로 생성해야 할 것이다. • 변환과정에서 정보 내지 기능성이 유실될 수 있다(변환이 전자기록물에 미치는 영향은 세밀히 측정되어야 하며, 아울러 변환과정은 상세하게 문서화되어야 한다. • 공개표준은 소프트웨어 개발자들에 의해, 상호 호환될 수 없는 상이한 버전으로 변용되기도 한다.

도표 17 : 마이그레이션 전략(계속)

마이그레이션 전략	장 점	단 점
5. 두 개 이상의 포맷으로 저장 이 방식은 특정 소프트웨어의 사양화에 따른 문제를 해소시켜줌과 아울러 향후의 마이그레이션을 위한 전략 선택의 폭을 넓혀준다(가령 텍스트문서를 두 가지 종류의 워드프로세서 포맷으로 저장시킨다). 이는 공개표준이 존재치 않거나, 몇 개의 공개표준이 시장점유율을 둘러싸고 경쟁하고 있을 시 매우 합리적인 전략이 될 수 있다. 최근에 출시되는 프로그램들은 문서를 두 개 이상의 포맷으로 자동변환시킬 수 있는 기능을 지니는 관계상, 별도의 변환절차는 필요없게 된다.	• 각 기관에서는 특정 소프트웨어가 사양화되는 경우에 대비해 다른 포맷을 지닐 수 있게 된다. • 하나의 포맷 가지고는 확보할 수 없는, 전자 기록물이 기능성 및 무결성 양자를 모두 지닐 수 있다. 예를 들어 전자기록물을 비트맵 이미지파일로도 포함 ASCII 코드의 스캔화된 텍스트로도 저장했다고 상정해보자. 비트맵 이미지는 원본 문서의 물리적 재현을 가능하게 만 검색기능을 지니지 못한다. 반면 ASCII 텍스트는 충분한 구조 및 메타정보를 지닐 수는 있지만, 검색기능을 보유하고 있다. 결국 전자 기록물을 이와 같은 두 가지 유형의 포맷으로 저장해 놓으면, 각각의 포맷에서는 불가능했던 무결성 및 기능성 모두를 확보할 수 있게 된다(비트맵(bit-map)은 Windows 환경에서 사용되는 표준비트 형태의 그래픽파일 형식으로, 컴퓨터 메모리상에 그래픽 이미지를 도트의 열과 행으로 표현하게 된다. 비트맵 이미지는 또한 래스터 그래픽(raster graphics)으로 부르기도 한다.	• 저장 및 관리비용이 증가하게 된다.

도표 17 : 마이그레이션 전략(계속)

마이그레이션 전략	장 점	단 점
6. 원본 기록물에 대한 대체물 생산 만일 소프트웨어에 의존성이 너무 강해 다른 시스템으로의 마이그레이션이 불가능하다면 '대체물(surrogates)'을 생성시킬 필요가 있다. 대체물은 원본을 표현할 수는 있지만, 원본이 지닌 구조 내지 내용을 원본과 동일하게 재생산할 수는 없는 문서를 말한다(가령 텍스트 문서의 경우에는 요약문 등과 같은 형식이 대체물에 해당한다. 특정 소프트웨어에서만 전자기록물이 검색 및 활용이 가능한 경우 이 방안이 채택되게 된다. 이와 같은 전략은 여타 마이그레이션 방안을 수행할 경우 너무 많은 비용이 소요되어 기술적 관점에서 볼 때 타당성이 없는 경우에만 사용할 수 있다.	• 만일 대체물이 소프트웨어 비의존형 포맷이나 공개표준에 부합하는 형태로 생산될 경우, 향후의 마이그레이션에 소요되는 비용 및 기술적 문제들은 줄어들게 된다.	• 마이그레이션 설치가 부적절하게 통제되거나 문서화되지 않을 경우, 기록물의 무결성을 잃어버릴 수 있다. • 대체물은 원본 전자기록물과 같은 기능성 및 활용성을 거의 지니지 못하며, 그 내용 또한 종종 유실되는 경우가 발생한다. • 진본성 및 법적 효력을 의심받기 쉽다.
7. 활용 및 검색에 필요한 소프트웨어 보유 [이 전략도 앞의 3번 방식과 밀접히 관련되어 있다.]	• 임시방편이긴 하지만, 구식화된 전자기록물을 향후 볼 수 있도록 해준다.	• 소프트웨어의 보존에 따른 기술적 복잡성을 지니게 된다. 즉 대부분의 소프트웨어는 특정 하드웨어에서만 가동될 수 있도록 제작되는 점을 고려해 볼 때, 특정 소프트웨어를 보존하기 위해서는 이를 가동시킬 특정 하드웨어까지 보존해야 하는 문제가 생겨난다.

도표 17 : 마이그레이션 전략(계속)

마이그레이션 전략	장 점	단 점
8. 소프트웨어 에뮬레이터 개발 소프트웨어 보존에 대한 대안으로, 이미 사양화된 소프트웨어의 기능을 '흉내'(emulate)낼 수 있는 새로운 프로그램을 개발하는 방안이 있다. 이러한 전략을 채택할 시에는, 원래 소프트웨어에 대한 상세 기능을 파악해야 하며, 또한 에뮬레이터 프로그램이 소프트웨어 비의존형 방식으로 제작되어야 한다.	• 원래 사용되었던 특정 하드웨어 및 소프트웨어를 필요로 하지 않는다.	• 구 소프트웨어의 기능을 재현할 수 있는 특정 프로그램을 개발해야 한다. • 고비용이 소요되며 복잡한 절차를 거쳐야 한다. 기록보존기관이 이러한 전략을 도입하기 위해서는 고도의 전문능력을 소유한 소프트웨어 개발자 및 프로그래머를 고용해야 한다. • 아직 완전하게 검증되지 않은 방식이다. • 저작권 문제 역시 아직 해결되지 않았다.

도표 17 : 마이그레이션 전략(계속)

9. 기술 및 문서화

전자기록관리를 위한 다음 과정은, 전자기록물을 기술하고 전자파일의 내용을 문서화시키는 절차를 수립하는 것이다.

전자기록물에 대한 다큐멘테이션은 전자기록물의 활용성을 극대화시켜준다. 이러한 의미에서 볼 때, 전자기록물과 관련된 각종 정보들을 문서화시키는 과정은 전통적인 검색도구 생성과 더불어 전자기록관리상의 필수 절차라 할 수 있다. 다큐멘테이션은 전자기록물의 이해성을 제고시켜줄 뿐만 아니라 이용자에게 파일에 대한 상세 정보를 제공해주게 된다. 이와 아울러 해당 파일에 대한 정보를 이용자들에게 일일이 알려주어야 하는 열람서비스 담당자의 노고 또한 경감시켜 준다.

> 다큐멘테이션은 기존의 검색도구들을 보충해주는
> 중요한 장치이다.

이러한 관점에서, 전자기록물의 다큐멘테이션은 기존의 등록부 및 인벤토리가 담당했던 것과 유사한 기능을 수행한다고 볼 수 있다. 전자기록물에 대한 철저한 기술은 핵심적인 사안이다. 다큐멘테이션 없이 전자기록물의 활용은 불가능하며, 또한 전자기록물이 지닌 전산상의 기술적 특성들은 각 데이터 요소마다의 아이템 수준 기술을 요구하기 때문이다. 기록보존기관에서는 전자기록물에 대한 관리정보 역시 생성시켜 보유해야 한다. 단 전자기록물의 처리, 테이프관리, 열람빈도 등에 관련된 관리정보들은 이용자에게 제공하지 않아도 된다.

다큐멘테이션과 관련하여 일반적으로 받아들여지는 표준은 아직 없는 실정이지만, 여기에 포함되어야 할 최소한의 정보 요소들에는 대체로 의견이 일치한다. 즉 파일 식별요소 및 내용, 출처가 바로 그것이다. 일반적으로 이러한 정보들은 표제, 요약문, 코드북 등으로 구성되는 이용자 가이드와 같은 검색도구를 통해 수집된다.

기록보존기관에서는 전자기록물의 기술 및 목록화를 ISAD(G) 및 MARC, AMC, RAD, MAD 등과 같은 각종 기술표준에 맞추어 수행해야 한다.

> 전자기록물의 기술은 전통적인 기술방식과 더불어
> 전자기록만의 특정 요건을 반영시키기 위해,
> 두 개 내지 그 이상의 형식으로 이루어져야 한다.

10. 열람서비스 제공

전자기록관리체제 수립의 마지막 단계는 열람서비스 체제 개발 및 이용자 수칙을 제정하는 것이다. 열람서비스는 데이터와 관련 다큐멘테이션을 활용 가능케 하는 업무로부터, 전자기록물의 판독을 위한 기술적 지원 및 데이터의 통계자료를 제공하는 것에 이르기까지 다양하다. 기록보존기관에서는 이러한 서비스 범주를 규정하는 정책을 자체적으로 개발할 필요가 있다. 이러한 정책은 다음의 사항들에 기초하여 수립되어야 한다.

- 기관내 타 유형의 기록물에 대한 기존의 열람서비스 관행
- 이용객의 필요 및 수준
- 직원 및 연구자에 대한 전산기술의 지원 능력

기록보존기관은 전자기록물 및 관련 다큐멘테이션에 대한 물리적 접근을 제공해야 할 기본적인 사명을 지니고 있다. 일반적으로 물리적 접근은 연구자가 자체적으로 처리 및 분석을 수행할 수 있도록, 요청받은 데이터파일 사본을 연구자에게 제공하는 것으로 일단락된다. 영구보존용 사본에 대한 물리적 접근은 어떠한 상황에서도 절대 금물이다. 이는 데이터의 훼손이나 변조 위험성을 원천적으로 예방하기 위함이다.

기록보존기관에서는 타 컴퓨터시스템과의 호환성을 극대화시킬 수 있도록, 데이터파일의 물리적 포맷에 대한 상세 기술정보를 이용자에게 제공해야 한다. 이러한 정보는 이용자의 컴퓨터 기술수준에 상관없이 모든 이용자에게 공평하게 제공되어야 한다. 전자기록물의 물리적 접근에 대한 규정은 가급적 기록보존기관이 잡다한 서비스업무까지 직접 수행해주는 번거로움을 줄여 주는 방향으로 수립될 필요가 있다.

연구자들의 요구사항을 충족시키기 위해서는 보다 정교한 서비스 역시 개발되어야 할 필요도 있다. 어떤 이용자는 전체 파일의 복사본 대신 파일 내의 특정 기록물 사본만을 요청할 수도 있으며, 또 어떤 이용자는 데이터세트내 특정 사례 부분만을 찾아주도록 요구할 수도 있다. 가능하다면 기록보존기관에서는 이용자의 필요를 충족시킬 수 있도록 이를 수행할 수 있는 능력을 개발해야 할 것이다.

비밀정보의 접근과 관련하여 기록보존기관은 매우 첨예한 문제를 떠안고 있다. 왜냐하면 각 기록보존기관에서 수집하는 마이크로데이터 내에는 일부 비밀정보들이 뒤섞여 있기 때문이다. 현재 전자데이터파일 내에 존재하는 개인정보의 누출을 방지해주는 다양한 방법들이 존재해 있다.

가장 일반적인 방법은 개인에 관한 식별정보(이름, 주소 등)를 삭제시킨 공개용 버전을 만드는 것이다. 하지만 개인에 관한 식별정보를 삭제하는 것만으로 모든 것이 해결되는 것은 아니다. 가령 일정 금액을 초과하는 소득 액수의 확인과 같이, 특정 사안의 수치에 기초하여 사적 정보를 추론하는 것이 가능하기 때문이다. 이러한 사적 정보의 유출 위험성을 방지하기 위해서는 데이터세트에 대한 추가적인 가공절차가 필요하게 된다.

기록보존기관은 비밀정보에 대한 공개용 버전을 원 보존책임자의 승인 및 통계전문가의 검토없이 배포해서는 안된다. 개인에 관한 식별정보를 감추는데 사용된 기술적 방안들은 이용자 가이드에 상세히 기재토록 해야 한다. 아울러 기록보존기관은 접근제한 조치가 변경되거나 해제될 경우를 대비해 원래의 데이터를 완전한 상태로 보존해야 할 것이다.

전자기록물이 계속해서 수집될수록 열람서비스 대상 역시 지속적으로 확대된다. 이용자 가이드는 전자기록물의 참고이용을 위한 기본적인 도구임을 감안할 때, 여기서는 전자기록물 전반에 관한 충분한 정보들이 포함되어야 할 것이다.

기록보존기관은 소장물에 관한 목록정보를 널리 배포함으로써, 전자기록물의 활용을 촉진시켜야 한다. 이용자층은 사회과학, 경제학, 경영학, 교육학, 자연과학 등 거의 모든 영역을 포괄한다. 하지만 이들 대부분은 기록보존기관에서 제공하는 서비스에 대해 문외한인 경우가 일반적이다. 이러한 문제를 해결하기 위해서는 요약본이나 가이드라인의 배포 내지 특정 주제 가이드의 개발 등과 같은 방식을 통해 이들에게 보다 친숙히 다가가야 할 것이다.

> 기록보존기관은 전자기록물 및 관련 다큐멘테이션에 대한 물리적
> 접근을 제공해야 할 기본적인 사명을 지니고 있다.

[연습 30]

각자가 소속된 기록보존기관의 경우, 전자기록물 관련 열람서비스 정책을 수립할 시 고려해야 하는 사항들은 무엇인지 서술해 보도록 하자.

---

11. 미래를 위한 시스템 개발

각 기관에서 신규시스템을 개발할 시에는, 전자기록물의 생산·포착·보존 및 접근성 창출에 관련된 요건들을 시스템 계획 및 설계단계 시부터 적극적으로 반영시켜야 한다.

가령, 기록관리자와 시스템개발자는 서로 협력하여 기록물 처리일정에 관련된 기능을 시스템 설계단계에 반영시켜야 한다. 가장 바람직한 경우라면, 시스템은 기록관리자가 지정한 규칙에 따라 영구기록물이 포착될 수 있도록 제작되어야 한다. 심지어는 처리일정표에 지정된 보존기간을 토대로 전자기록물이 기록보존소로 이관되도록 하는 기능 역시 시스템상에서 구현될 수 있도록 해야 할 것이다. 하지만 이는 아직 현실화되지 않은 희망사항일 뿐이다.

레코드키핑 요건은 기록관리자가 시스템 설계의 처음부터 끝까지 관여하게 될 때에만 시스템에 체계적으로 반영될 수 있다. 레코드키핑 요건은 각 기관에서 생산·유지되는 기록물에 대한 관리방식을 안내해주는 규칙 내지 지침이라 할 수 있다. 각 기관은 자체 내의 기능 및 업무활동에 관한 기록물을 생산·관리해야 할 법적 의무를 지닌다. 이를 감안할 때 각 기관의 레코드키핑 요건에서는 모든 단계의 업무활동에 관한 기록물을 생산·포착함과 더불어, 이러한 기록물들을 일반 자료들과 분리하여 관리토록 하는 방안을 제시토록 해야 할 것이다.

하지만 이러한 레코드키핑 요건을 시스템상에서 구현하려는 시도는 아직 개발단계에 있다고 할 수 있다. 시스템개발자들이 레코드키핑 요건을 진지하게 고려토록 하기 위해서는, 기록관리자 역시 컴퓨터시스템 개발과정에 포함된 광범위한 사항들을 이해토록 해야 할 것이다. 이러한 이해는 곧 기록관리자로 하여금 시스템 내의 어떠한 위치에 레코드키핑 요건들이 자리해야 하는지를 파악할 수 있도록 해준다. 결국 이를 통해 기록관리자는 시스템의 설계단계에 효율적으로 참여할 수 있게 되며, 보다 완전한 레코드키핑 요건의 반영이 가능해지게 된다.

도표 18에서는 컴퓨터시스템 개발단계별로 고려되어야 하는 레코드키핑 요건들을 제시해 보았다.

> *각 기관에서 신규 시스템을 개발할 시에는, 전자기록물의 생산·포착·보존 및 접근성 창출에 관련된 요건들을 시스템 계획 및 설계단계 시부터 적극적으로 반영시켜야 한다.*

[연습 31]

기록관리자는 컴퓨터시스템의 개발단계별로 어떠한 역할을 수행해야 하는지에 대해
스스로 생각하는 바를 적어 보도록 하자.

컴퓨터시스템 개발단계로의 레코드키핑 요건 통합

시스템 개발단계 및 활동	일반적인 레코드키핑상의 문제	해결 방안
계획 및 조직화(시스템 분석) • 조직의 정보적 필요 파악 • 조직이 필요로 하는 시스템 분석: 데이터 소스, 산출요소, 내적·외적 제약, 통제 및 통제지점, 시스템 다큐멘테이션, 문서 검색 등등. • 이익분석 수행 • 예비 타당성조사 수행	• 이해당사자들은 시스템에 기록물을 생산·유지·활용해야 하는지를 충분히 이해하지 못한다. • 기록관련 정책 및 기록관리 지침에는 조직적 필요들이 반영되어 있지 않다. • 레코드키핑 요건을 시스템 개발단계에 반영시킬 수 있는, 검증된 방법론이 아직 존재하지 않는다.	• 현재의 상황을 점검하고 개선되어야 할 점을 파악하기 위해 기존의 시스템들을 분석한다. • 시스템이 지원하는 기능과 관련된 기록물들의 처리일정을 확인한다. • 기록물의 생산 및 유지와 연관된 관계범령과 더불어, 조직내 현행 업무를 파악한다.
시스템 요건 규정 시스템 요건을 구정한다. 여기에는 환경의 안정성 및 복잡성, 이용자·분석자의 경험 등에 대한 분석이 포함된다. • 정책결정 과정 분석을 위한 틀을 개발한다. • 이용자 요건을 문서화시킨다.	• 시스템 설계에 전자기록물이 지나는 기능적 역할들이 반영되지 않는다. 기록물의 필요성은 시스템이 생애보다 길다는 것에 대한 이해가 없다. • 기록물의 범적, 증거적 필요성에 대한 인식이 거의 없다.	• 관계 범령 내지 규정 등을 근거로 레코드키핑 요건을 수립한다. 업무수행 차원에서는 기록물 생산·관련 요건이, 기록물 차원에서는 관리 및 접근성유지 요건이 그리고 시스템에 대해서는 시스템 신뢰성 요건이 구정될 수 있을 것이다. • 마이그레이션을 지원하게 될 데이터 및 문서표준을 지정한다.

도표 18 : 컴퓨터시스템 개발단계로의 레코드키핑 요건 통합

컴퓨터시스템 개발단계로의 레코드키핑 요건 통합

시스템 개발단계 및 활동	일반적인 레코드키핑상의 문제	해결 방안
개념적 설계 • 시스템 설계 • 소프트웨어/하드웨어 요건 규정 • 감사, 통제 및 보안요건 규정 • 시스템 구조 설계 • 설계내역 상세화 • 소프트웨어 통합 및 시험 기동 • 조직내 시스템 통합 및 시험 기동 • 핵심 문제점 파악	• 시스템의 개념적 설계에 레코드키핑 요건이 반영되지 않는다. • 소프트웨어 설계자는 산재되어 있는 문서들을 기록물 체제로 통합시킬 필요성을 인식하지 못한다. • 편협적인 시스템 설계는 기록물의 생산 메타를 유실시키게 된다.	• 레코드키핑 요건의 적합성 및 적용가능성을 점검한다. • 시험단계에 장기보존 문제를 포함시킨다.
시스템 취득 • 응용 소프트웨어 선택(규격품, 시스템에 맞게 수정) • 구매처 선정 • 하드웨어 선택 • 정보 제안/요청서 송부 • 시스템 취득을 위한 자금조달 • 자금조달 방책 수립	• 하드웨어 생산자와 상용 소프트웨어 개발자들은 기록물을 전자적으로 관리하는데 필수적인 구조 및 메타정보의 필요성을 인식하지 못한다. • 시스템 취득에 소요되는 비용 분석시, 기록 관리 사항들은 고려되지 않는다.	• 레코드키핑 요건을 구매처에 정보 제안/요청서에 반영시키도록 한다. • 구체적으로 통용되는 정보기술에 관련 표준들을 사용토록 권고한다.

도표 18 : 컴퓨터시스템 개발단계로의 레코드키핑 요건 통합(계속)

컴퓨터시스템 개발단계로의 레코드키핑 요건 통합

시스템 개발단계 및 활동	일반적인 레코드키핑상의 문제	해결 방안
물리적 설계 • 시스템 설계 평가 • 다음의 사항을 포함하는 설계내역서 준비 : 정보교류 구성도, 저장매체 및 구조, 투입 모드 및 빈도, 산출 모드 및 빈도, 처리 기능. • 시스템 설계보고서 준비 • 데이어아웃 설계 • 컴퓨터 서브루틴(sub routine) 프로그램 개발 • 제어장치 개발 • 논리적, 물리적 모델 개발 • 문서 및 시스템 플로어차트 개발 • 데이터 흐름도 개발 • 처리 측정 및 분석장치 개발 • 표준 개발	• 레코드키핑 요건은 시스템 설계에 반영되지 않는다. • 문서 및 데이터, 시스템의 플로어차트에는 전자기록물을 관리, 보존하기 위한 필수 절차들이 결여되어 있다. • 감사 및 보안관련 통제장치와 더불어 레코드키핑 관련 통제장치 역시 시스템에 구현되지 않고 있다.	• 레코드키핑 요건은 무엇이며 왜 필요한지 시스템설계자가 이해할 수 있도록 설명한다. 레코드키핑, 감사, 보안통제간의 관계를 수립한다.

도표 18 : 컴퓨터시스템 개발단계로의 레코드키핑 요건 통합(계속)

컴퓨터시스템 개발단계로의 레코드키핑 요건 통합

시스템 개발단계 및 활동	일반적인 레코드키핑상의 문제	해결 방안
수행 및 신규시스템으로 변환 • 시스템 설치 • 시스템 시행 • 시스템 사용방식 교육 • 시스템 다큐멘테이션 작성	• 신규 시스템의 가동시, 기록물의 표제를 부여하고 저장시키는 등의 시스템 사용 방식에 대한 교육이 실시되지 않는 경우가 있다. • 기존의 구형 시스템에서 신규 시스템으로 이전시 중요 데이터 및 기록물들이 유실되는 경우가 발생할 수 있다.	• 신규 시스템에서 기록물을 생산하고 표제를 부여하며 저장시키는 등의 기능을 수행할 수 있도록 하는, 시스템 이용자를 위한 가이드라인을 개발한다. • 신규 시스템으로의 데이터 이전과정에서 발생하는 문제들을 IT 담당자들이 인지할 수 있도록 한다. 마이그레이션 방안을 협의한다. 샘플을 선택해 신규 시스템으로의 이전이 성공적으로 수행되는지를 시험해 본다.
운용 및 관리 • 시스템을 운용시키고 관리한다. • 고장 발견시 수리한다. • 필요시 시스템을 보완하고 관리한다. • 필요시 업그레이드시킨다. • 재난대비 계획을 수립한다. • 시스템을 폐기시킨다. • 시스템 가동 후 직원들을 교육시킨다.	• 시스템 업그레이드시 중요 데이터 내지 기록물이 유실될 수 있다. • 폐기시스템의 결정시 전자기록물의 장기 보존 필요성은 고려되지 않는다. • 대부분의 조직들은 신임 직원들을 위한 레코드키핑 관련 교육과정을 개설하지 않는다.	• IT 담당자들로 하여금 업그레이드가 기록물에 미칠 수 있는 잠재적 위험성을 인식케 함으로써, 이에 대한 적절한 예방책을 강구할 수 있도록 한다. • 폐업은 구법기록보존소에서 지정한 표준들을 토대로 수행하도록 한다. • 모든 신임 직원들에게 레코드키핑 관련 가이드라인을 교육시킨다.

도표 18 : 컴퓨터시스템 개발단계로의 레코드키핑 요건 통합(계속)

컴퓨터시스템 개발단계로의 레코드키핑 요건 통합

시스템 개발단계 및 활동	일반적인 레코드키핑상의 문제	해결 방안
점검 및 평가 • 시스템에 대한 가동 후의 점검 및 분석을 수행한다.	• 신규 시스템에 전자기록관리 기능을 포함시켜야 하는 것에 대한 이해가 부족하다. • 조직은 시스템이 가동된 후, 레코드키핑 관련 통제(조치)를 추가시킬 경우에 발생하게 되는 비용문제를 인식하지 못한다.	• 레코드키핑 요건이 시스템에서 제대로 수행되는지를 점검한다. • 시스템 개선 사항을 파악한다.

도표 18 : 컴퓨터시스템 개발단계로의 레코드키핑 요건 통합(계속)

요약

이번 과에서는 전자기록관리 프로그램을 구성하는 주요 업무내역들에 대해 살펴보았다. 전자기록관리는 크게 두 가지 영역으로 양분할 수 있다. 첫 번째는 아래와 같은 사항들을 토대로, 이미 생산된 전자기록물을 관리하는 영역이다.

- 전자데이터/기록물의 인벤토리 작성
- 처리일정 수립
- 항구적 보존대상 선별을 위한 평가
- 처리(disposal)
- 접근 및 처리(processing)
- 전자기록물의 보존
- 열람서비스 제공

두 번째 영역은 미래를 위한 시스템을 개발하는 것이다. 이를 위해서는 레코드키핑 요건을 시스템 설계단계에 반영시켜야 할 것이다.

학습과제

1. 왜 대부분의 기록보존기관들은 전자기록관리체제의 수립시, 데이터세트의 처리 문제에서부터 출발하게 되는가?

2. 다른 유형의 전자기록물을 관리하는 것은 왜 데이터세트의 관리에 비해 보다 더 어려운가?

3. 구형시스템과 현행시스템의 차이점은 무엇인가?

4. 전자기록관리 프로그램의 목적은 무엇인가?

5. 전자기록관리 프로그램에 필요한 일곱 가지의 활동사항들을 열거해 보자.

6. 레코드키핑시스템 인벤토리의 목적은 무엇인가?

7. 전자기록물의 처리일정은 시스템에 전체적으로 규정되어야 할 필요가 있는가?

8. 전자기록물의 평가에는 어떠한 표준들이 사용되어야 하는가?

9. 전자기록물을 종이로 출력할지 여부를 결정할 때 고려되어야 할 사항은 무엇인가?

10. 어떠한 종류의 기록물이 전자적 포맷으로 유지되어야 하는가?

11. 전자기록물의 평가시 고려해야 할 열한 가지의 사항들을 설명해 보자.

12. 전자기록물을 유지하는데 소요되는 비용 환산시 고려되어야 하는 요소는 무엇인가?

13. 항구적 보존가치를 지닌 것으로 일반적으로 인정되고 있는 여섯 가지 유형의 전자기록물을 열거해 보자.

14. 전자기록물 처리(processing)의 세 가지 목적은 무엇인가?

15. 전자파일을 처리하는 다섯 가지 방안에 대해 설명해 보자.

16. 이관을 위한 기록물 포맷을 지정하는 것은 기록보존기관의 역할 중 하나인가?

17. 기록보존기관으로 전자기록물이 이관될 때, 전자기록물과 관련된 어떠한 기술적 정보들
    이 체계적으로 수집되어야 하는가?

18. 검증절차를 통해서도 해결할 수 없는 두 가지 유형의 문제는 무엇인가?

19. 전자기록물이 지닌 정보 및 기능성의 유실 위험을 줄이기 위해서는 마이그레이션 절차
    에 무엇이 포함되어야 하는가?

20. 기록보존기관이 제공해야 하는 가장 기본적인 열람서비스 내역은 무엇인가?

21. 비밀정보를 포함한 파일을 처리하는데 활용할 수 있는 기술적 방안에는 무엇이 있는가?

22. 시스템의 설계단계에 기록관리자가 포함되도록 하기 위해서는 어떠한 전략을 개발해야
    하는가?

23. 컴퓨터시스템 개발상의 여덟 단계를 나열해 보자.

24. 시스템 구축에 기록관리자가 기여할 수 있는 바는 무엇인가?

25. 왜 전자기록관리시스템과 종이기록관리시스템은 동등하게 취급되어야 하는가?

26. 신뢰성 및 무결성을 유지시킬 수 있는 기록관리를 수행하기 위한 두 가지 주요 방안은
    무엇인가?

연습 : 조언

연습 23-31

이번 모듈에 제시된 모든 연습문제들은, 소속기관에서 당면하고 있는 현행 전자기록관리
상의 문제들을 본 모듈상의 내용들과 비교, 검토해 볼 수 있도록 고안된 것이다. 각 연습문제
들에 대한 나름의 답을 작성한 후, 본문 중에 제시된 내용들과 세밀히 비교해 보도록 하자.

다음은 무엇을 할 것인가?

지금까지 본 모듈에서는 전자기록관리체제의 수립시 채택할 수 있는 전략적 방안들에 대해 논의해왔다. 우선적으로 전자기록물의 개념 및 특성들을 설명한 다음, 전자기록관리에 연관되어 있는 다양한 이해당사자들을 살펴보았다. 또한 전자기록물의 보존과 관련된 문제점들을 논의하였으며, 이어 전자기록관리 프로그램 모형을 제시한 후 프로그램 수립시 고려되어야 할 핵심 사항들을 검토하였다. 전자기록물 관리상의 다양한 문제들을 논의했음은 물론이다.

1. 적용을 위한 우선순위 결정

이번 모듈에서는 전자기록물을 효율적으로 관리하는데 필수적인 핵심 원리 및 실무지침들을 제시하였다. 이들은 전자기록관리시스템의 수립 내지 개선절차상의 이론적, 실무적 토대를 제공해준다. 그렇다면 소속기관에서 전자기록관리시스템을 수립 내지 개선할 시 제일 먼저 취해야 할 사항은 무엇인가? 이는 각 나라마다 또한 각 기관마다 서로 상이할 수 있다. 하지만 전자기록관리 자체가 아직 전세계 어느 곳에서도 유아기적 단계에 머물러 있음을 감안할 때, 가장 중요한 우선순위를 두어야 할 사항을 나름대로 도출할 수 있다. 그것은 바로 전자기록관리상의 기술적 난제들이 해결될 때를 대비하여, 전자기록관리 프로그램이 효율적으로 수행될 수 있는 기반을 구축하는 것이라 할 수 있다. 아래에 제시된 연습문제를 해결한 다음, 본서에서 제시한 우선순위 사항들을 숙고해 보도록 하자.

> **[연습 32]**
>
> 전자기록관리 프로그램의 수립 내지 개선시 취해야 할, 스스로 생각하는 우선순위 사항들을 지금까지 학습해 온 내용들을 바탕으로 도출해보고, 그 이유를 설명해 보도록 하자.

우선순위 1 : 계획 수립

첫 번째 단계는 고위관리층의 지원을 이끌어내기 위한 계획을 수립하는 것이다. 이에 대해서는 아래에서 다시 논의토록 하겠다. 효율적인 전자기록관리를 위해 국립기록보존소가 수행해왔던 활동사항들을 참조하며, 기관 내의 전자기록관리를 위한 단계별 계획을 수립해 볼 필요가 있다. 일부 활동들은 단계마다 중복될 수도 또한 동시에 행해지게 될 경우도 있을 것이다.

우선순위 2 : 레코드키핑을 위한 책임 할당

전자적 형태로 생산·접수·활용·보존되는 모든 기록물의 관리를 위한 범정부적 프로그램을 개발하고 수행시키는 책임을 각 영역별로 할당해야 한다.

우선순위 3 : 관계법령 정비

기록관리법령은 기본적으로 더 이상의 활용가치가 없는 기록물은 폐기하고 항구적 가치를 지닌 기록물은 영구보존시키는 것을 목적으로 한다. 하지만 대부분의 공직자들은 기록관리법령이 종이기록물에만 적용된다고 생각하고 있으며, 또한 전자기록물은 진정한 의미에서 볼 때 기록물이 아니라는 인식을 갖고 있다. 전자기록물의 관리가 부실하게 운영될 경우, 행정상의 책임성 및 효율성은 확보될 수 없다는 점을 공직자들은 뿌리 깊이 인식해야 할 것이다.

더욱이 전자기록물중 일부는 영구적으로 보존할 가치를 지니는 것들로, 지난날의 종이기록물을 대신하여 생산된 것들이다. 이들 기록물은 한 국가의 사회의식 및 정체성을 강화시켜 주며, 또한 후대에 역사유산을 전승해주게 된다. 이를 감안할 때 기록관리법령에는 전자기록관리를 위한 기록보존기관의 중요성 및 이들 전자기록물의 후대 전승 의무가 반영되어야 할 필요가 있다. 나아가 민간영역에서도, 전자기록관리의 중요성 및 이들을 보호할 책무를 각 기관의 정책 및 규정 등에 반영시켜야 할 것이다.

우선순위 4 : 기존 시스템의 파악 및 시스템 계획 구상

고위관리층의 지원을 유도하기 위해, 기록관리자는 소속기관의 현행 전자기록관리 체제상의 문제점들을 소상히 파악해야 할 필요가 있다. 앞선 제4과에서 설명한 현행시스템 분석기법을 활용해 보도록 하자. 이러한 분석은 결국 이미 생산된 전자기록물의 보존에 우선순위를 둘 것인지, 아니면 새로운 전자기록관리시스템 수립을 우선시해야 할지를 판단하는데 토대가 되는 결정적 단서를 제공해 줄 것이다.

우선순위 5 : 적정 재원의 확보

전자기록관리체제의 수립에 따른 이점을 바탕으로 하여 여기에 투여해야 하는 재원의 정도를 신중히 결정해야 한다. 효율적인 전자기록관리를 위해서는 하드웨어 및 소프트웨어의 구입·유지에 소요되는 비용과 더불어, 전자기록관리시스템을 수립·지원·관리하는데 필요한 충분한 전문인력을 확보할 수 있는 재원이 마련되어야 할 것이다.

우선순위 6 : 종이·전자시스템간의 조화

전자기록시스템과 이와 연관된 종이기반 시스템간의 상호 보완적인 관계를 형성시킬 필요가 있다. 대부분의 기관들은 전자기록시스템, 특히 문서의 스캔이미지를 저장하는 시스템이 종이기반 시스템을 더 이상 불필요하게 만들 것으로 여기고 있다. 하지만 이는 그릇된 착각일 뿐만 아니라 매우 위험천만한 생각이다. 이러한 착각은 전자기록물의 장기보존을 위한 적절한 대비책 없이 무턱대고 중요 종이기록물의 폐기를 야기시킬 수 있기 때문이다. 대부분의 국가에서는 아래와 같은 이유들로 인해, 종이기반 시스템과 전자기록시스템간의 조화로운 관계 구축을 모색하고 있다.

- 정부의 모든 정보를 전자적으로 관리하는 데에는 너무나도 많은 비용이 소요된다.
- 민간기관이나 기타 단체들로부터 접수한 문서는 여전히 종이기록물 양식이 많다.
- 본 모듈에서 논의한 바대로, 시간의 경과에 따른 전자기록물의 신뢰성 및 활용성 유지가 매우 어렵다.
- 종이기록물의 경우와 달리, 전자기록물은 안정적인 전원 공급이 기본적으로 전제되어야 한다.
- 종이문서만이 법적 원본문서로 인정되는 것이 일반적이다. 대부분의 국가에서는 전자기록물의 법적 증거력이 용인되고 있지 않다. 전자기록물을 생산·유통시킨 시스템의 보안성 및 신뢰성이 입증되었을 때조차도 말이다. 일반적으로 원본문서에는 수기의 친필서명이 동반되는데, 이것은 기록물의 진본성을 증명하는 결정적 요소가 된다.
- 전자기록물의 경우 조작, 삭제, 변조 등 각종 불법적인 행위를 방지하기가 쉽지 않다. 극히 일부의 자들만이 이러한 불법적 행위들로부터 전자기록물을 보호할 수 있는 기술을 지니고 있다.
- 변두리 지방의 경우에는 컴퓨터 관련 전문인력이나 레코드키핑 요건을 구현시킬 수

있는 소프트웨어·하드웨어 공급자를 확보하기 어렵다.

- 컴퓨터의 유지 및 업그레이드나 파손 내지 사양화된 장비의 교체에 소요되는 비용을 충당하는 것이 그리 쉽지 않다.
- 적정 온습도가 유지되고 보안 및 백업저장 시설이 갖추어져 있으며 또한 먼지나 각종 이물질이 발생시 않는 무균실을 설치하는 등, 전자기록물을 항구석으로 보존할 수 있는 적정 시설 및 장비를 확보하기가 매우 어렵다.

우선순위 7 : 전략 개발

컴퓨터 기술은 나날이 변화하고 있다. 이러한 상황에서 각 기관에서는 전자기록물의 장기적 보존성 및 접근성을 유지시킴과 아울러, 이를 통해 모든 전자적 정보의 용이한 활용성을 제고시킬 수 있는 전략을 개발해야 한다. 이를 위해 고위관리자와 기록관리전문가는 정책결정에 앞서, 전자기록관리에 관한 전체적 구상을 그려볼 필요가 있다. 기본적으로 전자기록물을 보존하는 데에는 두 가지 방식이 있다. 즉 전자적 형태 그대로 보존하는 것과 종이에 출력하여 보존하는 것이 바로 그것이다. 현재 이에 관한 세계적인 추세는 전자적 형태로 생산된 기록물은 전자적 형태로 보존·활용되어야 한다는 것이다. 하지만 각 기관에서는 여기에 소요되는 비용 및 전자기록물을 안전하게 보존·활용시킬 수 있는 기술력과 함께, 잠재되어 있는 위험요소들을 신중하게 고려하며 전자적 보존문제를 결정해야 한다. 만일 이러한 세 영역 가운데 합당치 못한 부분이 있다면, 그 대안은 종이 내지 마이크로필름에 출력해 두는 것이다. '의심가면 출력한다. 이것은 전자기록물 관리상의 캐치플레이스로 삼을 만하다.

전자기록물을 종이에 출력하는 것이 불가능한 경우도 있다. 가령 비디오 클립이나 음성메일메시지에 링크되어 있는 멀티미디어문서는 종이에 출력할 수 없다. 이를 감안해 본다면, 전자기록물의 유형이 날로 다양화, 복잡화되어가는 상황에서 종이에 출력하여 보존한다는 것은 어쩌면 과도기적 형태의 단기적 전략이라 할 수 있다. 아무튼 행정적 내지 기타 목적상의 활용적 가치가 존속하는 한, 시스템에서는 기록물에 대한 접근성을 계속해서 제공해야 한다는 점을 명심토록 해야 할 것이다.

우선순위 8 : 시스템 설계에 대한 기여

대개 행정기능을 전산화시키는 결정은 고위관리자층이 정보기술자의 조언을 참조하며 내리게 된다. 하지만 기록관리자는 신규 시스템의 설계단계에 적극적으로 관여하여 다음과 같은 레코드키핑 요건을 시스템에 반영시키도록 해야 한다.

- 레코드키핑시스템상의 정보들은 신뢰성을 지녀야 하며, 또한 신규 시스템 내로 안전하게 이전되어야 한다.
- 시스템의 운영 및 서비스계약, 관련 예산 배분 및 직원 배치 등의 문제를 규정하는 장치가 마련되어야 한다.
- 원 데이터 자료는 정확하게 관리하고 체계적으로 조직화시키며, 쉽게 활용될 수 있도록 해야 한다.
- 안정적인 전원공급을 확보함으로써, 시스템을 지속적으로 가동시킴과 더불어 전원 중단 등의 문제에 따른 데이터 유실 위험성을 감소시켜야 한다.
- 적절한 백업 및 저장 절차와 함께 이를 위한 장비가 구비되어야 한다.
- 전자기록물 및 종이기록물은 보안이 유지되는 적정 보존환경 하에 저장되어야 한다.
- 관련 표준을 채택함으로써 향후의 마이그레이션에 대비해야 한다.
- 시스템에서 생산되는 모든 기록물에 대해 처리일정을 규정해야 한다.
- 시스템 운영을 뒷받침할 수 있는 시스템 관리체계가 수립되어야 한다.
- 전자기록물의 법적 효력을 지원할 수 있는 법령적 장치가 마련되어야 한다.
- 전자기록물의 보존책임자 및 이용자를 위한 교육훈련 프로그램이 실시되어야 한다.

우선순위 9 : 교육훈련 실시

기본적인 레코드키핑 요건과 함께, 공공기록물과 비기록 자료와의 차이, 기록물의 선별 절차, 레코드키핑시스템 내로의 전자기록물 이전·복사 등 전반적 사항들에 대한 교육훈련을 실시하도록 한다.

2. 관련기관 및 사이트

많은 단체들, 특히 경제적으로 풍족치 않은 국가에 위치한 단체들의 경우에는 전자기록관리 연구를 위한 자료들을 접하기 어려울지도 모른다. 하지만 협조를 구하거나 인터넷상으로 풍부한 관련 정보들을 수집할 수 있는 곳이 적지 않다. 아래에서는 이러한 기관들의 명칭 및 주소 등 일반적 정보들을 소개토록 하겠다.

기록관리에 연관된 기타 단체 내지 협회 등의 정보에 대해서는 본 시리즈상의 『기록관리 참고문헌』(The Additional Resources for Records and Archives Management)을 참조하기 바란다.

전문협회 및 단체

American Society for Information Science(ASIS)

8720 Georgia Avenue, Suite 501
Silver Spring, MD
20910, US
전화 : +1 301 495 0900
팩스 : +1 301 495 0810
이메일 : asis@asis.org
홈페이지 : http://www.asis.org

ASIS는 공동문제의 해결을 위한 다양한 접근방식 모색에 주안점을 두면서, 지식의 다양한 사조를 취합하는 역할을 수행하고 있다. 또한 ASIS는 학제간의 간격은 물론, 연구와 실무와의 간격을 연결해주는 매개자로서의 역할 역시 담당한다. ASIS는 현재 컴퓨터과학, 언어학, 경영학, 문헌정보학, 공학, 법학, 의학, 화학, 교육학 등 다양한 분야에 종사하는 약 4,000명의 정보전문가들을 회원으로 확보하고 있다. 이들은 정보의 관리 및 저장뿐만 아니라, 이들 정보를 분석하고 영구보존시키며 그 활용을 확산시키는 활동에 적극적으로 참여하고 있다.

Association for Information and Image Management(AIIM)

미국
1100 Wayne Ave., Suite 1100
Silver Spring, MD 20910-5603 US
전화 : (미국내 무료전화) +1 888 839 3165
전화 : +1 301 587 8202
팩스 : +1 301 587 2711
영국
2 Crown Walk
Winchester Hampshire
SO23 8BB UK
전화 : +44 1962 868333
팩스 : +44 1962 868111
홈페이지 : http://www.aiim.org

AIIM은 문서관리, 지식관리 분야의 관련 전문가 및 이용자들을 결집시키기 위해 조직되었다. AIIM는 문서 및 지식관리 영역과 관련된 각종 표준 및 지침들과 더불어 다양한 출판물들을 판매하는 메일주문식 서점을 운영하고 있다.

The Association for Information Management(ASLIB)

Staple Hall
Stone House Court
London EC3A 7PB UK
전화 : +44 0 20 7903 0000
팩스 : +44 0 20 7903 0011
이메일 : membership@aslib.co.uk
홈페이지 : http://www.aslib.co.uk/aslib

1924년 설립된 ASLIB는 전세계 70여 개국에 걸쳐 2,000여 명의 회원을 확보하고 있는 법인단체이다. ASLIB는 정보자원 관리영역의 최선의 실무를 촉진시킴과 아울러, 회원을 대표해 정보자원 관리 및 정보관련 법령 분야에 대한 활발한 로비활동을 전개하고 있다.

Association of Records Managers and Administrators(ARMA International)

4200 Somerset Dr., Suite 215
Prairie Village, KS
66208-0540 US
전화 : +1 800 422-2762 / +1 913 341 3808
팩스 : +1 913 341 3742
이메일 : hq@arma.org
홈페이지 : http://www.arma.org

ARMA는 미국, 캐나다를 비롯한 30여 개 국가의 10,000여 명에 이르는 정보전문가들을 회원으로 확보하고 있는 비영리단체이다. ARMA의 회원들은 현재 기록·정보관리자, 정보관리시스템 및 데이터처리 전문가, 이미지전문가, 아키비스트, 사서 등으로서, 다양한 영역에서 전문적인 활동을 수행하고 있다.

ARMA 홈페이지에서는 레코드키핑과 관련된 유관 전문단체들의 웹사이트 링크를 제공해주며, 입문서로부터 전문연구서에 이르는 방대한 양의 관련 출판물들에 대한 정보 제공 및 판매를 실시하고 있다. 간행물의 가격은 다양하며, 회원에 한해 할인혜택을 부여하고 있다. 이와 관련해서는 http://commerce.shreve.net/armahqstorem을 방문하기 바란다.

International Council on Archives(ICA)

60, rue des Francs-Bourgeois
75003 Paris, France
전화 : +33 0 1 40 27 63 06
패스 : +33 0 1 42 72 20 65
이메일 : 100640@compuserve.com
홈페이지 : http://www.ica.org

ICA는 세계 기록유산의 보존 및 개발, 이용증진을 위해 결성된 기록관리 분야의 국제 전문 단체이다. ICA는 각국의 국립기록관리기관을 비롯하여 각급 기록관리기관, 전문가협회 및 개인 자격의 아키비스트 등을 회원으로 확보하고 있다. 현재 170여 개국에 걸친 1,450여 회원이 ICA에 가입되어 있다. ICA는 비정부조직으로, 유네스코 및 유럽평의회 등의 국제단체들과 긴밀한 협력관계를 형성하고 있으며, 기타 비정부조직들과도 긴밀한 유대관계를 맺고 있다.

ICA에서 전개하고 있는 국제적 활동들은 다음과 같다.

- 간행사업 및 각종 컨퍼런스 개최
- 지역별 지부 내의 사업 개발 및 지부간의 협력관계 증진
- 유럽내 기록관리 영역의 협력 증진을 위한 프로그램 실시
- 전문 영역별 분과 및 위원회의 각종 사업
- 유네스코 및 기타 국제단체들과 협력하여 수행하는 특별프로젝트 사업

프랑스 파리에 본부를 두고 있는 ICA는 5명의 상근 이사를 배치하여 조직의 전반적인 관리업무를 담당케 하고 있다. ICA의 전문 사업 및 연구성과들은 회원 간의 네트워크 연계를 기반으로, 스스로의 전문 지식 및 시간을 자발적으로 투여할 수 있는 회원들을 통해 이루어지고 있다. ICA에서는 각종 컨퍼런스 자료집 및 정기적으로 업데이트되는 회원명부와 더불어, *Janus, Archivum* 및 *ICA Bulletin*과 같은 전문 기관지를 발간하고 있다. ICA 산하에는 지역별 지부와 함께 전문 영역별 분과, 위원회 및 주제별 프로젝트 그룹이 편성되어 있는데, 이를 소개하면 다음과 같다.

지역별 지부

- 라틴아메리카 지역 : ALA
- 중동 지역 : ARBICA

- 카리브해 지역 : CARBICA
- 중앙아프리카 지역 : CENARBICA
- 동아시자 지역 : EASTICA
- 동남아프리카 지역 : ESARBICA
- 태평양 지역 : PARBICA
- 동남아시아 지역 : SARBICA
- 서남아시아 지역 : SWARBICA
- 남부아프리카 지역 : WARBICA

전문 영역별 분과

- Section for Archival Education and Training(ICA/SAE)
- Section of Business and Labour Archives(ICA/SBL)
- Section of Archivists of International Organizations(ICA/SIO)
- Section of Archives of Churches and Religious Denominations(ICA/SKR)
- Section of Municipal Archives(ICA/SMA)
- Provisional Section on Military Archives(ICA/SML)
- Section of Professional Archival Associations(ICA/SPA)
- Section of Archives of Parliaments and Political Parties(ICA/SPP)
- Section of University and Research Institution Archives(ICA/SUV)

기록관리 분야의 교육을 담당하는 자들은 위의 분과들 중 ICA/SAE에 주목할 필요가 있다. 여기서는 기록관리 교육 및 훈련 영역과 관련해 전세계적으로 활발한 활동을 전개하고 있다. 이 분과의 웹사이트에서는 현재 기록관리 분야의 교수진들이 활용할 수 있는 기록관리학 관련 논저목록을 제공하고 있으며, 향후 각종 교육프로그램 및 연구·출판사업 등 기록관리 교육과 관련된 다양한 정보들을 제공할 계획에 있다.

위원회

- Committee on Archival Buildings and Equipment
- Committee on Descriptive Standards
- Committee on Electronic and Other Current Records
- Committee on Information Technology
- Committee on Archival Legal Matters

- Committee on Preservation of Archival Materials
- Committee on Sigillography

프로젝트 그룹

- Project Group on Terminology
- Project Group on Architectural Records
- Project Group on Audio-Visual Records
- Project Group on Protection of Archives in the Event of Armed Conflict or Other Disasters
- Project Group on Literature and Art Archives

Information Systems Audit and Control Association(ISACA)

3701 Algonquin Road, Suite 1010
Rolling Meadows, Illinois
60008, US
전화 : +1 847 253 1545
팩스 : +1 847 253 1443
이메일 : chap/coord@isaca.org
홈페이지 : http://www.isaca.org

ISACA는 IT관리 및 통제, 보안영역에 관련된 단체로, 이 분야에 관한 연구수행 및 표준수립, 정보제공, 교육, 자격 인증, 전문기술 자문 등의 서비스를 제공하고 있다. ISACA는 정보시스템 감사 및 보안통제 전문가들에게 IT 자체에 관련된 문제뿐만 아니라, IT와 업무처리 사이에서 나타나는 각종 문제들을 제시하고 그 해결방안을 모색케 해준다. ISACA는 산하에 아프리카 · 유럽, 아시아, 북아메리카, 오세아니아 및 중앙아메리카 지부를 두고 있다.

International Federation for Information and Documentation(FID)

FID Secretariat
PO Box 90402 - 2509 LK
The Hague
The Netherlands
전화 : +31 70 314 0671
팩스 : +31 70 314 0667

이메일 : fid@python.konbib.nl

홈페이지 : http://fid.conicyt.cl:8000

  1895년 이래 전세계 90여 개국에 걸친 관련 단체 및 개인을 대표해 온 FID는, 사회의 귀중한 자원을 보존·활용키 위한 체계적인 정보관리의 수행을 촉진시켜 왔다.

International Standards Organization(ISO)

Case postale 56

CH-1211 Geneva 20, Switzerland

전화 : +41 22 749 01 11

팩스 : +44 22 733 34

홈페이지 : http://www.iso.ch

  ISO는 130여 개국의 표준협회들로 구성된 국제단체로, 재화와 용역의 국제적 교환을 촉진시킴과 아울러 과학·경제·기술 영역의 상호 교류를 증진시키기 위해 국제표준을 수립하는 역할을 수행한다.

  ISO는 마이크로필름 및 종이 품질규격, 사진 재료 및 장비 등 기록관리 영역과 관련된 다양한 표준들을 제정해왔다. ISO에서 제정한 표준들은 'ISO'라는 글자와 함께 뒤에 첨부되는 숫자를 통해 식별할 수 있다. 예를 들어 'ISO 9000'은 품질관리 및 인증 관련 표준이며, 'ISO 14000'은 환경관리 분야에 관한 표준이다.

  기록관리 분야와 관련하여 특히 주목해야 할 표준은 'ISO/TC46/SC11: 정보 및 문서화'로, 기록관리를 위한 국제표준 수립의 기반이 될 전망이다. 이 표준에 대해서는 ISO의 홈페이지를 참조하기 바란다.

International Records Management Trust(IRMT)

12 John Street

London WC1N 2EB, UK

전화 : +44 20 7831 4101

팩스 : +44 20 7831 7404

이메일 : info@irmt.org

홈페이지 : http://www.irmt.org

  기술의 진보와 함께 기록물의 생산·활용·보존방식 역시 급속하게 변화하고 있으며, 이에 따라 기록관리상의 혁신적인 방안들이 절실히 요구되어 왔다. IRMT는 이러한 필요에 부응함과 아울러, 개발도상국의 공공부문 기록관리를 지원하기 위해 지난 1989년 설립되었다.

IRMT는 교육 및 연구, 실무기술을 지원하는 봉사단체로서 다양한 영역에 걸쳐 사업을 진행시키고 있다. 이러한 사업들을 크게 세 부분으로 구분하면 다음과 같다.

- *국가프로젝트* : 본 프로젝트는 공공기록관리 영역에 종사하는 개발도상국의 담당 공무원 및 관련 전문가들을 지원하기 위해 시작되었다. 여기서는 국가 기록관리를 위한 법령적 틀의 수립 및 조직체계 개발을 지원한다. 또한 각국의 국립기록보존소로 하여금 국가기록관리체제 운영 및 통제능력을 강화시킬 수 있게 함과 더불어, 새로운 기록관리 방법론을 개발하고 전문적 역량을 발전시킬 수 있도록 지원하고 있다.
- *교육프로젝트* : 본 프로젝트에서는 기록물의 중요성에 대한 인식을 제고시키고, 영어권 국가에서 공용될 수 있는 교육모듈 및 각종 자료들을 개발하는 역할을 담당한다. 여기서 개발된 교육자료들은 상이한 행정적 전통을 지닌 개발도상국에서도 각국의 상황에 맞추어 응용될 수 있음은 물론이다. 이들 교육자료는 기록학 영역의 세계적 이론 동향 및 최선의 실무적 노하우를 충실히 반영하면서도, 기록관리를 위한 재원 내지 기술적·제도적 인프라가 부족한 국가들에서도 적용될 수 있도록 하는 것을 궁극적 목표로 삼고 있다.
- *연구프로젝트* : 본 프로젝트는 기록관리를 둘러싼 기술 환경의 급격한 변화상황 속에서, 재무 및 인사관리와 같은 핵심 분야에서의 기록관리 요건들을 연구개발하기 위해 시작되었다. IRMT에서 진행시키고 있는 연구프로그램들은 기록관리 현장에서 당면하게 되는 현실적 문제 도출과 함께 이를 해결할 수 있는 방안 제시에 주안점을 두고 있다.

최근 기록관리를 둘러싼 기술력의 발전 및 보급화와 더불어 거버넌스·행정상의 책임성 및 투명성·인권·경제개혁 등에 대한 전세계적 관심을 반영하며, IRMT에서 수행하는 프로그램과 프로젝트의 범위는 더욱 확대되어 왔다. 그동안 IRMT가 진행시켜 온 수많은 사업들은, 기록물의 효율적 관리 없이는 정치·경제·기술·문화 등 인간 사회영역의 어떠한 발전도 기대할 수 없다는 점을 거듭 천명해 주고 있다. 이러한 신념을 바탕으로 IRMT는, 전자시대로의 전환기를 맞이하고 있는 개발도상국들에게 보다 확대된 서비스를 제공하기 위해 매진하고 있다.

기록보존기관

각국의 국립기록보존소를 비롯한 각급 기록관리기관에서는 상이한 업무환경에 참조·적용할 수 있는 다양한 출판물들을 발행하고 있으며, 또한 웹상으로도 다양한 정보를 제공해주고 있다. 여기서는 지면 관계상 영어권 국가의 일부 주요 기록관리기관만을 간략히 소개하였지만, 이들 기관의 웹사이트에서는 수많은 기록관리기관 및 관련 단체들에 대한 링크정보를 얻을 수 있다는 점을 명심토록 하자.

Archives of Ontario

77 Grenville Street, Unit 300
Toronto, ON
M5S 1B3 Canada
전화 : +1 416 327 1600
팩스 : +1 416 327 1999
이메일 : reference@archives.gov.on.ca
홈페이지 : http://www.gov.on.ca/MCZCR/archives/english/index.html

온타리오 주립기록보존소는 전자기록관리 분야에서 활발한 활동을 전개하고 있다.

Library of Congress

110 First Street, SE
Washington, DC
20540, US
전화 : +1 202 426 5213
이메일 : lcweb@loc.gov
홈페이지 : http://lcweb.loc.gov

미국 의회도서관은 기록물의 관리 및 보존분야에 관한 다방면의 연구를 수행해 오고 있다. 이에 대한 보다 풍부한 정보는 의회도서관의 홈페이지를 참조하기 바라며, 여기서 발행하는 출판물 역시 웹상으로도 주문이 가능하다.

National Archives of Australia(NAA)

PO Box 34
Dickson
Canberra, A.C.T. 2602 Australia
팩스 : +61 6 257 7564

홈페이지 : http://www.naa.gov.au

NAA의 홈페이지에서는 기록관리와 관련된 다양한 정보 및 출판물들을 무료로 제공해 주고 있다. 또한 NAA는 기록관리 분야의 국제사업에도 적극적으로 참여하고 있으며, 여기서 생산된 자료들 역시 홈페이지에서 이용할 수 있도록 해주고 있다.

National Archives of Canada(NA)

395 Wellington Street
Ottawa, ON
K1A 0N3, Canada
전화 : +1 613 996 7430 (Library)
팩스 : +1 613 995 6274 (Library)
홈페이지 : http://www.collectionscanada.ca

NA는 ICA 웹사이트의 운영 주체로, ICA의 다양한 사업에 관여할 뿐만 아니라 기록관리 국제프로젝트에도 적극적으로 참여하고 있다. NA의 홈페이지에서는 기록관리 관련 정책 및 실무지침뿐만 아니라, 온라인 검색도구·전시 및 출판관련 안내 등 다양한 정보를 제공해 주고 있다.

National Archives and Records Administration(NARA)

700 Pennsylvania Avenue, NW
Washington, DC
20408, US
팩스 : +1 202 208 5248
홈페이지 : http://www.nara.gov

NARA는 미국 역사의 보존 및 연방기록물 관리에 대한 책임을 담당하는 독립 연방기구이다. NARA에서는 기록관리 영역에 관한 수많은 출판물들을 간행하였으며, 웹사이트상으로 이들에 대한 정보를 제공해 주고 있다. 또한 NARA의 공통처리일정표 역시 웹상에서 이용할 수 있다.

The New York State Archives and Records Administration

New York State Education Department
Cultural Education Center
Albany, NY
12230 US

전화 : +1 518 474 6926

이메일 : sarainfo@mail.nysed.gov

홈페이지 : http://www.sara.nysed.gov

    뉴욕 주립기록보존소는 전자기록관리 영역에서 활발한 활동을 전개하고 있으며, 아울러 이 분야에 관한 다양한 출판물들을 발간하고 있다.

Public Record Office(PRO)[12]

Kew, Richmond

Surrey TW9 4DU, UK

전화 : +44 208 876 3444

팩스 : +44 208 878 8905

홈페이지 : http://www.pro.gov.uk

    영국의 PRO는 현재 및 미래의 활용을 위한 공공기록물 보존의 필요성과 더불어, 기록관리의 중요성에 대한 인식 확산을 위해 매진하고 있다.

State Records Authority of New South Wales

Level 3, 66 Harrington Street

The Rocks

Sydney, NSW 2000

Australia

전화 : +61 2 9237 0200

팩스 : +61 2 9237 0142

이메일 : srecords@records.nsw.gov.au

홈페이지 : http://www.records.nsw.gov.au

    이전 'Archives Authority of New South Wales'란 명칭을 지녔던 호주 뉴사우스웨일즈 주립기록보존소는 기록보존과 관련된 풍부한 정보 및 소장기록물에 대한 온라인 검색서비스를 웹 사이트상으로 제공하고 있으며, 또한 *Government Recordkeeping Manual* 등 다양한 출판물들을 온라인 버전으로 활용할 수 있도록 해주고 있다.

---

12) [역주] 지난 2003년 4월 2일 Public Record Office와 Historical Manuscripts Commission 양 기관이 합쳐 National Archives로 통합되었다. 홈페이지 주소 http://www.nationalarchives.gov.uk를 참조.

[연습 33]

　각자의 소속기관에서는 이상에서 소개한 단체들에 대해 어떠한 정보를 지니고 있는지 확인해 보도록 하자. 소속기관에서는 이러한 단체들이 발행하는 간행물을 구독하거나 이들이 주최하는 회의 내지 행사에 참여하고 있는지, 아니면 기타 다른 방면에서 교류를 행하고 있는지 알아 보자.

　소속기관은 이상의 단체들 중 어떠한 단체들과 우선적으로 교류해야 하며 이를 통해 무엇을 기대할 수 있는지, 아울러 긴밀한 유대관계를 형성하기 위해서는 어떻게 해야 하는지에 대해 각자의 견해를 피력해 보도록 하자.

3. 기타 자료

　전자기록물관리 학습에 도움이 될만한 관련 문헌자료들을 소개한다. 여기에 제시된 문헌자료들은 특히 소속기관의 자료실이나 도서관에 비치해 둘만한 가치가 있는 주요 연구성과들이다. 가급적 최근에 출간된 쉽게 구할 수 있는 문헌 위주로 선별하였다. 필독 문헌자료에는 * 로 표시해 놓았다.

> 　필독 문헌자료는 기록관리에 관련된 전반적인 참고문헌들을 제시한 본 시리즈상의 『기록관리 참고문헌』(The Additional Resources for Records and Archives Management)에서도 확인할 수 있다.

문헌자료

Archives Authority of New South Wales. *Steering into the Future.*
<http://www.records.nsw.gov.au/publications/steering.htm>

Archives of Ontario. *Fact Sheet #7: Electronic Records: What About E.*
<http://www.gov.on.ca/MCZCR/archives/english/rimdocs/rim7.htm>

Barata, Kimberly. 'The Impact of Information Technology Standards on Recordkeeping Systems Development: Implications for Records Professionals.' *Computer Standards & Interfaces* 19 (1998): 51-64.

Beagrie, Neil and Daniel Greenstein. *A Strategic Policy Framework for Creating and Preserving Digital*

Collections. 1998.
<http://ahds.ac.uk/manage/framework.htm>

Bearman, David and Margaret Hedstrom. 'Reinventing Archives for Electronic Records: Alternative Service Delivery Options.' In Margaret Hedstrom, ed. *Electronic Records Management Program Strategies*. Pittsburgh, PA: Archives and Museum Informatics, 1993, pp. 82-98.

Bearman, David and R. H Lytle. 'The Power of the Principle of Provenance.' *Archivaria* 21 (1985-86): 14-27.

Bearman, David. *Archival Methods (1989) and Archival Strategies (1995)*, Pittsburgh: Archives and Museums Informatics(*Archival Strategies*은 *American Archivist* 58, 4 (Fall 1995): 380-413에도 게재되어 있다).

* Bearman, David. *Electronic Evidence*. Pittsburgh, PA: Archives and Museum Informatics, 1994.

Cain, Piers. 'Data Warehouses as Producers of Archival Records.' *Journal of the Society of Archivists* 16, 2 (1995): 167-171.

Cook, Terry. 'Easy to Byte, Harder to Chew: The Second Generation of Electronic Records Archives.' *Archivaria* 33 (1991-92): 202-216.

Cook, Terry. 'Electronic Records, Paper Minds: The Revolution in Information Management and Archives in the Post-Custodial and Post-Modernist Era' *Archives and Manuscripts* 22 (November 1994): 300-328.

Cox, Richard J. 'The Record: Is It Evolving?' *Records & Retrieval Report* 10 (March 1994): 1-16.

Dawes, Sharon S, Theresa A Pardo, Darryl E Green, Claire R McInerney, David R Connelly, Ann DiCaterino. *Tying a Sensible Knot: A Practical Guide to State-Local Information Systems*. Best Practices in State-Local Information Systems Project IIS-1 (Albany, NY: Center for Technology in Government, June 1997).
<http://www.ctg.albany.edu/projects/lg/lgmn.html>

Dawes, Sharon S, Theresa A Pardo, David R Connelly, Darryl F Green and Claire R McInerney. *Partners in State-Local Information Systems: Lessons from the Field*. (Albany, NY: Center for Technology in Government, 1997).

<http://www.ctg.albany.edu/resources/pdfrpwp/iisfnlrp.pdf>

DLM Forum on Electronic Records. *Guidelines on Best Practices for Using Electronic Information.*
<http://www.dlmforum.eu.org/documents/guidelines.html>

Dollar, Charles M. *Electronic Records Management and Archives in International Organizations: A RAMP Study with Guidelines*(RAMP Study PGI-86/WS/12).   Paris, FR: UNESCO, 1986.

Dollar, Charles M. *Authentic Electronic Records: Strategies for Long-term Access.* Chicago, IL: Cohasset Associates, 1999.

Dollar, Charles. 'Selecting Storage Media for Long-Term Access to Digital Records,' *Information Management Journal* (July 1999): 36-43.

Duff, Wendy. 'Ensuring the Preservation of Reliable Evidence: A Research Project Funded by the NHPRC.' *Archivaria* 42 (Fall 1996): 28-45.

Durance, Cynthia J, ed. *Management of Recorded Information: Converging Disciplines.* Mnchen, Germany, KG Saur, 1990.

Duranti, Luciana. 'Archives as a Place.' *Archives & Manuscripts*24:2 (November 1996): 242-55.

Duranti, Luciana. 'Reliability and Authenticity: The Concepts and their Implications.' *Archivaria* 39 (Spring 1995): 5-10.

Fredberg, Birgit, and Paulette Pieyns-Rigo. *Legal Implications of the Production of Machine-Readable Records by Public Administrations.* A RAMP Study. (RAMP Study PGI-88/WS/15). Paris, FR: UNESCO, 1988(유네스코 홈페이지에서 이용 가능).

Gavrel, Katherine. *Conceptual Problems Posed by Electronic Records: A RAMP Study.* (RAMP Study PGI-90/WS/12). Paris, FR: UNESCO, 1990(유네스코 홈페이지에서 이용 가능).

Hedstrom, Margaret L. *Archives & Manuscripts: Machine-Readable Records.* SAA Basic Manual Series. Chicago: Society of American Archivists, 1984.

* Hedstrom, Margaret, ed. *Electronic Records Management Program Strategies.* Archives and Museum Informatics Technical Report No. 18. Pittsburgh, PA: Archives and Museum Informatics, 1993.

Hedstrom, Margaret. 'How Do We Make Electronic Archives Usable and Accessible?' paper presented at the Documenting the Digital Age Conference, 1997.
<http://www.dtda.com/presenta/hedstr01.htm>

Hedstrom, Margaret. 'Research Issues in Migration and Long-term Preservation.' *Archives and Museum Informatics* 11, 3/4 (1997): 287-292.

Hedstrom, Margaret. 'Understanding Electronic Incunabula: A Framework for Research on Electronic Records,' *American Archivist* 54 (Summer 1991): 334-355.

Hedstrom, Margaret. *Archives & Manuscripts: Machine-Readable Records*. SAA Basic Manual Series. Chicago: Society of American Archivists, 1984.

Hofman, Hans. 'The Dutch Experience in the Field of Electronic Records.' *Irish Archives: Journal of the Irish Society for Archives* 4, 1 (1997).

* International Council On Archives, Committee on Electronic Records. *Guide for Managing Electronic Records from an Archival Perspective*. Studies/Etudes 8. Munich, GER: KG Saur Verlag, 1997.
<http://data1.archives.ca/ica/cgi-bin/ica?0508_e>

Kelly, Kristine L, Alan Kowlowitz, Theresa A Pardo and Darryl E Green. *Models for Action: Practical Approaches to Electronic Records Management & Preservation - Project Report* (Albany, NY: Center for Technology in Government, 1998).
<http://www.ctg.albany.edu/projects/er/ermn.html>

Mackenzie, George. 'Electronic Records: The European Dimension.' *Records Management Journal* 7, 3(December 1997): 205-16.

National Archives and Records Administration, Bulletin No. 98on US General Records Schedule 20(Electronic Records).
<http://www.nara.gov/records/grs20/bltn>

National Archives and Records Administration, Office of Records Administration. *Part 1234: Electronic Records Management*. (Washington, DC: National Archives and Records Administration, 1998).
<Gopher://gopher.nara.gov/00/about/cfr/records/1234.txt>

National Archives and Records Administration. *Electronic Records Management*. Washington, DC: NARA, 1998.

<gopher://gopher.nara.gov/00/about/cfr/records/1234.txt>

National Archives of Australia. *Managing Electronic Messages as Records*. Canberra: Australian Archives, 1997.

<http://www.naa.gov.au/govserv/techpub/manelrec/MER.htm>

National Archives of Australia. *Managing Electronic Records: A Shared Responsibility*. Canberra: Australian Archives, 1997.

<http://www.naa.gov.au/govserv/techpub/messrecs/mangelec.htm>

National Archives of Canada. C-12 Central Procedures in Electronic Form in CARDD. Draft 5: June 1, 1998. Ottawa, ON: National Archives of Canada, 1998.

National Archives of Canada. *Product List for the Information Management Standards and Practices Division*.

<http://www.archives.ca/www/english/mgr/order.html>

Naugler, Harold. The Archival Appraisal of Machine-Readable Records: A RAMP Study with Guidelines. PGI-84/WS/27. Paris: UNESCO, General Information Programme and UNISIST, 1984.

New York State Archives and Records Administration. *Managing Records in E-mail Systems*.
<ftp://ftp.sara.nysed.gov/pub/rec>

O'Shea, Greg. 'Keeping Electronic Records: Issues and Strategies.' Provenance 1, 2 (March 1996).

Public Record Office. *Management, Appraisal and Preservation of Electronic Records: Standards for the Management of Government Records*. Volumes 1 and 2. 2d ed Richmond, UK: Public Record Office, 1999.

Roberts, David, 'Documenting the Future: Policy and Strategies for Electronic Record Keeping in the New South Wales Public Sector'
<http://www.records.nsw.gov.au>

Roberts, David. 'Defining Electronic Records, Documents and Data.' *Archives and Manuscripts* 22, 1

(May 1994): 14-26.

Rothenberg, Jeff. 'Ensuring the Longevity of Digital Documents.' *Scientific American* 272, 1 (1995): 42-47.

State Records of South Australia, *Managing Electronic Records Issues*, April 1998.
<http://www.archivenet.gov.au/resources_4.html>

State Records Authority of New South Wales, 'The Recordkeeping Regime', Government Recordkeeping Manual, 1999.

Task Force on Archiving of Digital Information, Preserving Digital Information, Report of the Task Force, commissioned by the Commission on Preservation and Access and The Research Libraries Group.
<http://www.rlg.org/ArchTF/index.html>

US Commission on Preservation and Access. *Preserving Digital Information: Final Report and Recommendations.*
<http://www.rlg.org/ArchTF/index.html>

Walch, Victoria Irons, for the Working Group on Standards for Archival Description. *Standards for Archival Description: A Handbook.* Chicago, IL: Society of American Archivists, 1994.
<http://www.archivists.org/publications/stds99/index.html>

Wallace, David. 'Metadata and the Management of Electronic Records: A Review,' *Archivaria* 36 (Autumn 1993): 87-110.

Wallace, David. 'The State of Electronic Records Management Worldwide.' *Archives and Museum Informatics* 10, 1 (1996): 3-40.

웹사이트 정보

아래의 웹사이트들에서는 전자기록물과 관련하여 각 기관에서 수행된 연구사업 및 프로젝트, 컨퍼런스 등에 대한 정보들을 얻을 수 있다.

연구기관

Monash University, School of Information Management and Systems

http://dlar.fcit.monash.edu.au

Syracuse University, School of Information Studies

http://istweb.syr.edu/~mcclure

University of British Columbia, School of Library, Archival and Information Studies

http://www.slais.ubc.ca

University of Pittsburgh, School of Information Sciences

http://www2.sis.pitt.edu

University of Toronto, Faculty of Information Studies

http://www.fis.utoronto.ca

컨퍼런스

DLM Forum on Electronic Records (Europe), 1996, 1997

http://www2.echo.lu/dlm/en/home.html

Electronic Records Conference, University of Michigan, 1996

http://www.si.umich.edu/e

Playing for Keeps, Canberra, 1995

http://www.naa.gov.au/govserv/techpub/keeps/contents.html

The Official Version A National Summit on Legal Information in Digital Form, Toronto, 1997

http://www.callacbd.ca

Working Meeting on Electronic Records, University of Pittsburgh, 1997 http://www.sis.pitt.edu/~cerar/er

프로젝트

Digital Longevity Project (Netherlands)

http://www.archief.nl/digilong

Dublin Core Metadata Initiative

http://purl.oclc.org/dc

Federal Task Force on Digitization (Canada)

http://www.nrc.ca/dtf

Fast Track Guidance Development Project (US National Archives and Records Administration)

http://www.nara.gov/records/fasttrak/fthome.html

Indiana UniversityRecords Project

http://www.indiana.edu/~libarche/index.html

Information Management Forum (Canadian federal government)

http://www.imforumgi.gc.ca/menu_e.html

InterPARES

http://www.interpares.org/forums/researchers

Knowledge Management Consortium

http://www.km.org

Records Continuum Research Group (Monash University)

http://www.sims.monash.edu.au/rcrg

University of British Columbia, The Preservation of the Integrity of Electronic Records

http://www.slais.ubc.ca/users/duranti/intro.htm

The University of Pittsburgh, Functional Requirements for Evidence in Record Keeping

http://www.lis.pitt.edu/~nhprc

[연습 34]

소속기관의 도서관이나 자료실에는 전자기록관리 영역과 관련하여 어떠한 자료들을 소장하고 있는지 조사해보자. 위에 제시된 참고문헌 중 어떤 것들을 소장하고 있는가? 소장 자료들이 있다면 이들 중 2~3권을 골라 소속기관 내에서의 활용빈도 및 이용가치를 점검해 보도록 하자. 소장 자료들이 전혀 없다면, 도서관에 비치해 둘 필요가 있다고 생각되는 위의 참고문헌들을 2~3권 선정해 보고, 아울러 이들 자료를 구할 수 있는 방안 또한 모색해 보도록 하자.

요약

이번 과에서는 전자기록관리를 주제로 한 본 모듈의 전체적 내용을 다시 한번 간략히 살펴 다음, 전자기록관리 영역의 개선 방안을 수립하는데 필요한 우선순위의 책정 방법에 대해 논의하였다. 이와 관련하여 본 과에서 제시한 방법은 다음과 같다.

- 우선순위 1 : 계획 수립
- 우선순위 2 : 레코드키핑을 위한 책임 할당
- 우선순위 3 : 관계법령 정비
- 우선순위 4 : 기존 시스템의 파악 및 시스템 계획 구상
- 우선순위 5 : 적정 재원의 확보
- 우선순위 6 : 종이·전자시스템간의 조화
- 우선순위 7 : 전략 개발
- 우선순위 8 : 시스템 설계에 대한 기여
- 우선순위 9 : 교육훈련 실시

본 과의 말미에서는 전자기록과 관련하여 보다 풍부한 정보를 얻을 수 있는 주요 기관들의 개황을 제시하였고, 더불어 전자기록관리에 대해 보다 심도있는 논의를 제공하는 참고문헌들을 수록하였다.

학습과제

1. 본 과에서 제시한 우선순위 사항들은 왜 그와 같은 순서가 매겨지게 되었는지 각자 나름대로 설명해보자.

2. 본 과의 말미에 제시된 단체들 중 우선적으로 검색해 보고 싶은 단체 두 개를 선정하고 그 이유를 설명토록 하자.

3. 마지막 부분에 수록된 문헌자료들 중 우선적으로 참고하고 싶은 두 개의 자료를 선택하고 그 이유를 밝히도록 하자.

연습 : 조언

연습 32

모든 기관의 전자기록관리는 각기 상이한 양상을 지닌다. 마찬가지로 모든 사람들의 전자기록관리에 관한 지식 역시 천차만별일 것이다. 본격적인 전자기록관리의 수행에 앞서, 관련 정책 및 계획을 점검하고 여기에 필요한 적정 재원을 확보하는 것 역시 중요한 사안이라 할 수 있다.

연습 33

만일 참고할 수 있는 문헌자료의 양이 한정되어 있다면, 우선 국가 내지 지역별 단체들에 관한 정보들을 축적·정리해 놓은 국제단체들을 이용하는 것도 훌륭한 방안이다. 이들 단체에는 전자기록과 관련된 상당량의 자료들을 축적해 놓았기 때문에 소속기관에 필요한 정보들을 쉽게 얻을 수 있을 것이다. 아울러 전문적 사안 내지 세부 주제에 연관된 정보의 수집에 앞서, 일반적 사안에 대한 정보들을 우선적으로 모으는 것이 좋을 것이다.

연습 34

방금 전 언급한 내용과도 관련 있지만, 소속기관 도서관에서의 자료 구입시 전문적 주제에 관련된 자료들로 성급히 채워놓기 보다는, 입문서 내지 개론서와 같은 일반적 내용의 자료들을 우선적으로 수집하는 것이 보다 합리적 방안일 것이다.

전자기록물의 생산 및 활용을 위한 가이드라인

본 가이드라인을 학습하기에 앞서 전통적인 기록관리(records management)와 레코드키핑 (recordkeeping)간의 차이를 이해해야 할 필요가 있다. 본 가이드라인은 레코드키핑 관련 사안들을 설명한 것으로, 간략한 개요만을 소개하였다. 보다 상세한 내용은 캐나다 국립기록보존소 및 호주 뉴사우스웨일즈 주립기록보존소의 사이트를 방문해 활용하기 바란다.

만일 각 업무부서에서 종이없는 사무실을 구현하려 한다면, 전자기록물의 생산 및 파일링, 라벨링, 표제부여 방식 등에 대한 공식적인 지침을 수립할 필요가 있다. 이러한 지침 수립은 인사이동이 빈번하거나 각종 정보들이 전자적으로 공유·활용되는 부서의 경우 더욱 그 효과를 발휘할 수 있으며, 아울러 전자기록물의 검색 및 보안상에서도 큰 이점을 가져다준다. 물론 전자기록물의 보유 및 처리상에서도 두말 할 나위없다.

전자기록물의 저장

전자적 정보의 활용성 및 접근성, 이해성을 제고시키기 위해서는 컴퓨터에 저장하는 방식을 체계화시킬 필요가 있다. 저장방식을 체계화시키게 되면 네트워크망을 통해 공유되는 디렉토리 및 파일을 효율적으로 관리할 수 있게 된다. 업무기능 내지 처리행위의 구조와 동일하게 저장방식을 정하는 것은 추천할 만하다. 예를 들어 토지등록 기능을 그대로 파일명으로 사용하게 되면, 실제 기능에 관련된 기록물들을 여기에 저장해 추후 활용하는 것이 매우 편리해진다. 전자기록물의 보호 내지 처리도 마찬가지이다. 일반적으로 가이드라인에서는 디렉토리 및 파일명을 부여하는 방식에 대해서도 설명해 주기도 한다.

표준시스템을 개발할 시에는 우선적으로 컴퓨터 운영체계 및 기타 기술적 요소들을 고려해야 할 필요가 있다. 대부분의 운영체계에서는 디렉토리, 서브디렉토리 및 파일에 구조화된 명칭을 부여해준다. 본 가이드라인은 마이크로소프트사의 Windows98 환경을 기본으로 하여 수립한 것이다. 여기에 제시된 원리들은 기타 운영체계에서도 일반적으로 통용될 수 있다.

만일 전자기록물을 종이로 출력하여 보관할 경우에는 최소한의 식별정보를 지니도록 해야 할 것이다. 가령 'C:/Projects/Land Registration/regions.doc'와 같은 디렉토리 및 파일명이 종이

출력물에 기재되도록 해야 한다.

컴퓨터 운영체제 및 구성요소 등에 대해서는 『기록관리자를 위한 전산시스템』(Understanding Computer Systems : An Overview for Records and Archives Staff)을 참조

디렉토리 구조화

부서내 전자기록관리체제를 수립하기 위해서는 제일 먼저 디렉토리를 구조화시켜야 한다. 디렉토리 체계는 나무에 자주 비유되는데, 모디렉토리를 정점으로 서브디렉토리들이 계층적 구조를 형성하는 것이 나무의 모습과 흡사하기 때문이다.

디렉토리는 각 부서의 필요에 맞게 구조화되어야 한다. 디렉토리는 사용자명, 일자, 부서단위, 문서의 형태 등 다양한 기준을 사용하며 조직화시킬 수 있다. 하지만 문서들을 부서내 직원들이 일하는 방식과 연동하여 조직화시키기 위해서는, 부서의 업무기능 및 처리절차에 맞추어 디렉토리를 구조화시킬 필요가 있다(이에 대해서는 잠시 후에 좀 더 구체적으로 언급토록 하겠다). 등록부서에서 사용되는 통제된 어휘들은 디렉토리 및 파일명을 부여하는데 유용하게 활용될 수 있다.

이러한 과정을 거쳐 개별 문서들은 적정 디렉토리 내지 서브디렉토리에 저장되게 된다. 디렉토리명을 파일명으로 재차 사용할 필요는 없다.

디렉토리를 조직화시킬 때에는 다음의 원리들을 명심해야 한다.

- 디렉토리의 구조는 단순하면서도 논리적이어야 한다.
- 디렉토리는 일반적 사항에서 세부적 항목으로 정렬되어야 한다. 다른 말로 하자면, 보다 큰 업무범주에서 세부 처리행위 순으로 정렬되어야 한다는 것이다. 예를 들어 '재무관리' 디렉토리로부터 '회계행정'으로, 그리고 다시 '지급' 항목으로 정렬하는 것이 그 예이다.
- 디렉토리 및 파일명 선정 시에는 명확하면서도 지속적으로 활용 가능한 용어를 사용해야 한다. 이는 생산자뿐만 아니라 기타 이용자에게도 식별 및 검색상의 효율성을 가져다주기 때문이다.

만일 디렉토리 구조를 부서의 업무기능 및 처리절차와 연동시키려 한다면, 계층적인 정렬 방식을 사용해야 한다. 디렉토리 밑에 서브디렉토리를 연속적으로 배치하는 방식을 사용하면 쉽게 해결된다. 종이기록물을 관리하는 기존의 파일 분류체계는 이와 같은 방식으로 행해졌다. 이처럼 계층화된 정렬방식을 사용할 경우에는 기존의 종이기록과 전자기록과의 연계성을 한층 제고시킬 수 있다.

> 어휘통제 및 파일분류 체계에 대해서는 『현용기록 : 생산과 통제』(Organising and Controlling Current Records)를 참조

표준 명칭

각 부서에서는 디렉토리 및 파일명 부여시 표준화된 명칭을 사용해야 할 필요가 있다. 이러할 경우 다음과 같은 많은 잇점이 있다.

- 필요로 하는 문서를 쉽고 빠르게 검색하여 업무자의 작업공간에 불러들일 수 있다.
- 표준 명칭의 사용은 디렉토리 및 파일명의 대표성과 고유성을 증진시킴으로써, 타자에 의한 동일 명칭의 중복된 사용을 방지해준다.
- 문서의 초안과 최종 버전을 구분하여 파일명을 사용할 수 있다.

가능한한 표준화된 약어 규칙을 활용하는 것이 가장 바람직하다.

- 기록관리자는 각 부서에서 사용되고 있는 약어를 파악하는데 도움을 줄 수 있다.
- 정부전화번호 안내책자에는 각 기관 및 부서명에 대한 약어들을 제시해준다.
- 우체국에서는 각 지역명의 약어를 파악할 수 있다.
- 기관내 부서들간의 협정을 통해 약어사용 규칙을 개발해야 할 필요가 있다.

문서버전 통제

완전한 하나의 기록물로 저장되기 전, 해당 문서에 대해 수정·편집을 가할 수 있는 범위는 사전적으로 규정되어야 한다. 문서가 최종적으로 완성되어 하나의 기록물로 저장될 경우에는 가능한한 편집되거나 수정되어서는 안된다.

전자기록물은 복사·편집되어 또 다른 새로운 기록물로 저장될 수 있다. 문서의 기안단계에서부터 최종결재 단계를 거치는 동안 다양한 문서 버전이 만들어지게 된다.

레코드키핑시스템은 동일 기록물의 다양한 버전들을 상호 연계시킬 수 있는 기능을 지녀야 한다. 전산시스템을 통해 자동적으로 연계시킬 수도 있으며, 아니면 표준 표제를 사용하여 상호 연계시킬 수도 있다. 이용자 검색에서는 해당 문서의 최종 버전이 검색될 수 있어야

하며, 아울러 이용자들은 기안에서부터 최종 결제단계에 이르는 다양한 문서버전이 존재한다는 점 역시 간과해서는 안될 것이다.

백업

백업기능은 전자문서의 유실 내지 훼손을 방지해준다. 대부분의 네트워크 환경에서는 자동백업 기능을 제공해 주지만, 개별 PC상의 하드드라이브에는 이러한 기능이 별도로 탑재되어 있지 않다. 따라서 PC 사용자는 디스켓 등에 정기적으로 백업하는 습관을 지니도록 해야 할 것이다.

디스켓

디스켓은 문서의 저장 내지 하드드라이브의 백업을 위해 활용되며, 또한 네트워크망의 부재시 문서의 전달 수단으로도 사용된다.

디스켓상의 디렉토리 구조는 전자적 작업환경에서 구축한 디렉토리 구조와 동일해야 한다. 디스켓은 저장공간이 한정되어 있기 때문에, 하나의 디렉토리 내지 서브디렉토리 저장을 위해서는 여러 장의 디스켓을 사용해야 할 필요가 있다. 디스켓에는 사용자 내지 작업그룹별로, 또는 동일 주제 내지 사안별로 문서를 저장할 수 있으며, 이러할 경우에는 그룹화된 명칭을 사용하여 디스켓을 식별토록 하는 것이 바람직하다. 디스켓에 수록된 문서들의 색인 역시 저장하면 추후 검색에 유용하게 활용될 수 있다.

디스켓, CD, 테이프 라벨링

모든 저장매체에는 라벨을 부착해야 한다. 디스켓 내지 CD 외부에 부착되는 라벨에는 부서명 및 문서명, 시작·종료일시 등을 기재해야 하며, 아울러 문서를 생산한 프로그램명 역시 표시해야 한다.

디스켓은 알파벳 내지 연번 순으로 배열해야 한다. 다량의 디스켓을 관리할 경우, 색깔별로 라벨을 부착하는 방안은 식별성 및 검색성을 제고시킨다는 측면에서 추천할 만하다. 라벨 색깔이 주제, 업무사안, 부서단위, 생산자명 등을 명확히 구분해 줄 수 있기 때문이다.

마그네틱테이프 카세트상의 라벨에는 권호 수 및 일련번호, 데이터 생산부서명, 데이터세트명을 반드시 기재해야 한다. 필요할 경우 '접근제한' 표시 역시 부여토록 해야 한다.

라벨방식을 표준화할 필요도 있다. 라벨의 규격, 표기방식, 부착위치 등을 통일시키면 식별 및 활용상 편의성을 가져다 주게 된다.

저장매체 관리

전자기록물을 장기간 보존해야 하는 경우에는 저장매체에 특별한 관리조치를 부여해야 한다. 파일관리자는 어떠한 파일이 장기보존 대상이며, 언제 어떠한 관리조치를 부여해야 하는지 파악하고 있어야 한다. 장기보존 대상으로 선별된 파일이 분산적으로 위치하고 있는 경우에는 더욱 그러하다.

전자파일의 관리수칙은 다음과 같다.

- 파일은 디스켓에 수시로 백업해야 한다. 시스템관리자는 시스템 전체를 주기적으로 백업해야 한다. 백업본은 가능한 한 오프사이트 공간에 보관하는 것이 바람직하다.
- 장기보존 대상 전자기록물의 보존에는 디스켓을 사용치 않는 것이 좋다. 디스켓은 일시적 저장매체이지 영구보존용 매체는 아니다.
- 디스크 및 테이프드라이브는 청결하게 유지토록 하며, 주기적으로 그 상태를 점검해주어야 한다.
- 디스켓 및 테이프는 자기성 매체로부터 멀리 떨어져 관리해야 한다.
- 플로피디스켓 내부의 마그네틱 부분은 가급적 손길을 닿지 않도록 해야 하며, 또한 디스켓에 물리적 충격을 가해서도 안된다.
- 승인받지 않은 자의 컴퓨터 내지 디스켓, 테이프 등에 대한 접근을 방지해야 한다. 혹 선의를 지니고 있는 자라 할지라도, 실수로 파일을 지워버리거나 하드디스크를 포맷시킬 수 있기 때문이다.
- 저장매체는 가급적 음식물과 멀리 떨어져 보관해야 한다.
- 디스켓 및 테이프는 보관박스 등에 수직으로 세워 보관토록 해야 한다.
- 디스켓은 습기나 먼지, 고온 등을 피해 보관해야 한다.

데이터처리 저장용 마그네틱테이프의 관리수칙은 다음과 같다.

- 항시 섭씨 18-20도의 온도와 35-45%의 습도가 유지되는 먼지없는 환경에서 마그네틱 테이프를 저장해야 한다.
- 데이터 손실의 방지를 위해, 테이프에 저장된 모든 데이터세트의 통계치를 산출해 두어야 한다.
- 주기적으로 마그네틱테이프를 정상속도에서 되감아 테이프가 이완되는 것을 방지해야 한다.
- 매체의 파손 내지 기술의 사양화에 대비해, 최소한 10년에 한 번씩은 테이프 내의 데이터들을 새로운 테이프로 복사해 두어야 한다.

색 인 | Managing Electronic Records | i n d e x |

1~ᄋ

I~Z

『전자기록물관리』

책임집필

킴벌리 바라타(Kimberly Barata), **피어스 케인**(Piers Cain)

국제기록관리재단(International Records Management Trust)의 연구관이자 고문인 킴벌리 바라타는 전자기록관리 분야의 전문가로, 가나 및 말타 정부의 전자기록관리 자문역과 함께 동아프리카협력위원회 위원으로 활동해 왔다. 미국 피츠버그대학교 정보과학대학원을 졸업한 후 Archives and Museum Informatics(A & MI)의 영국 대표 및 런던대학교 기록정보학과 선임연구원을 역임하였으며, 레코드키핑 기능요건분석 프로젝트에도 참여한 바 있다.

피어스 케인은 국제기록관리재단(International Records Management Trust) 산하 연구교육개발위원회의 위원장으로, 협회의 연구기획 및 연구프로젝트 책임과 함께 교육사업을 총괄하고 있다. 그는 로이터사 및 국제통화기금, 유럽부흥개발은행에 근무하는 등 폭넓은 실무경험을 지니고 있으며, 최근에는 선진국 및 개발도상국에서의 '정보혁명'이 몰고 온 영향에 대해 깊은 연구적 관심을 보이고 있다.

집필

Rick Barry
John McDonald
Laura Millar
Rosemary Murray-Lachapelle

감수

Sue Bryant, 캐나다 재무성
Christiane Desautels, 캐나다 국립기록보존소
Terry Cook, (전)캐나다 국립기록보존소
Tony Leviston, 호주 뉴사우스웨일즈 주립기록보존소

검증기관

Kenya National Archives and Documentation Service
State Archives and Heraldic Services, South Africa

전자기록물관리

옮긴이   김 명 훈
감 수   한국국가기록연구원
펴낸이   조 현 수
펴낸곳   진리탐구출판사

초판 1쇄 인쇄 2005년 2월 25일
초판 1쇄 발행 2005년 3월 5일

주소   서울시 마포구 도화동 36번지
         고려아카데미텔Ⅱ 1320호 (121-040)
전화번호   02) 703-6943, 4
전송번호   02) 701-9352

출판등록일   1993년 11월 17일
출판등록번호   제 10-898호

ISBN   89-8485-076-4